4 bis 8 Jahre

Gabriela Rosenwald

Verkleiden & Rollenspiele

AF567328

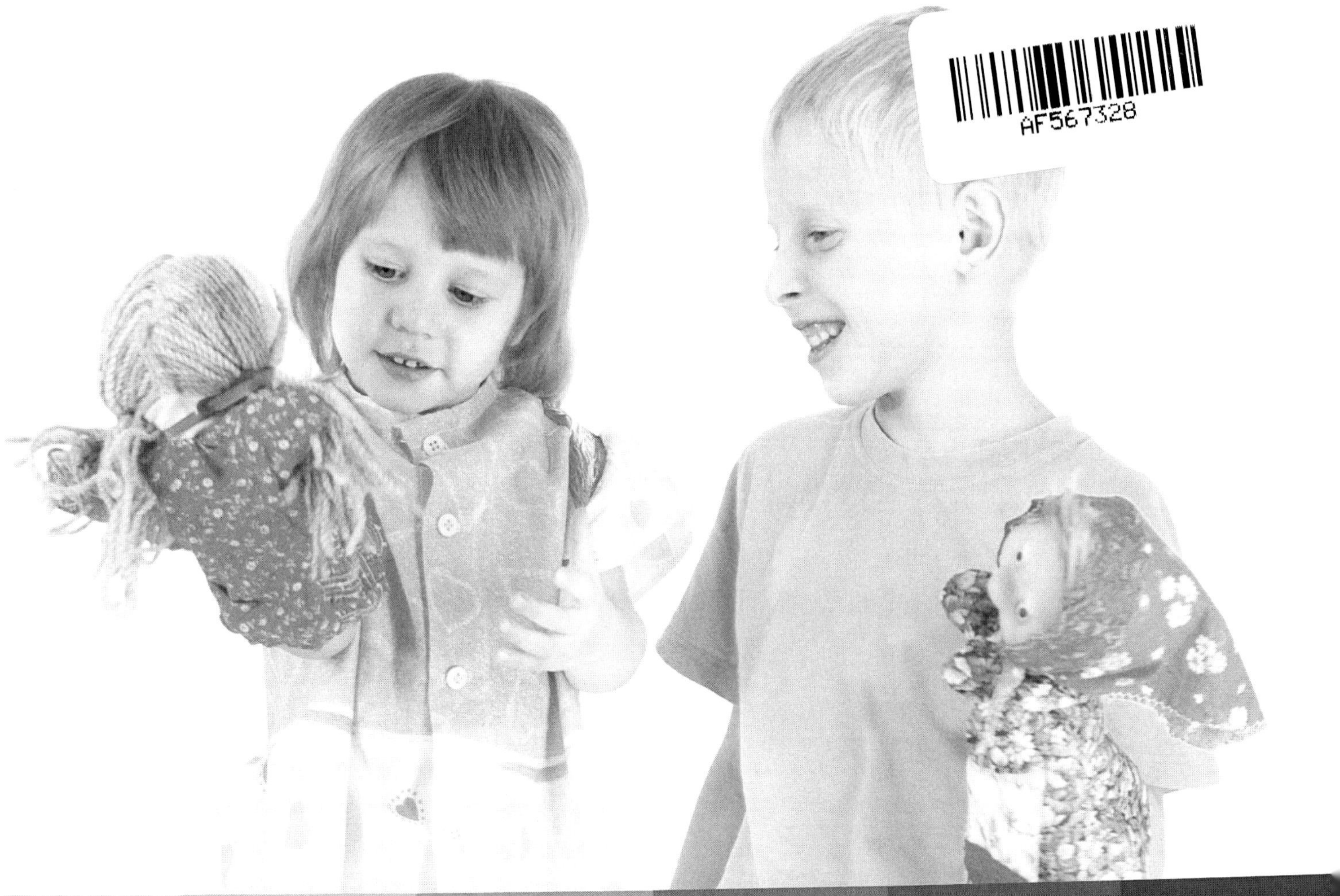

Tipps & Tricks aus der Praxis, spannende Rolenspielideen, die Verkleidekiste ...

www.kohlverlag.de

Verkleiden & Rollenspiele

In fremde Rollen schlüpfen ...

6. Auflage 2024

© Kohl-Verlag, Kerpen 2016
Alle Rechte vorbehalten.

Inhalt: Gabriela Rosenwald
Coverbild: © Evgenia Tiplyashina - fotolia.com
Redaktion: Kohl-Verlag
Grafik & Satz: Kohl-Verlag
Druck: farbo prepress GmbH, Köln

Bestell-Nr. 11 864

ISBN: 978-3-95686-468-1

Bildnachweise:

Auf allen Seiten oben: © Peter Hermes Furian - Fotolia.com; Seite 4: © Gorilla - fotolia.com; Seite 5: © cromary fotolia.com; Seite 6: © Daniela Jakob - fotolia.com; Seite 7: © inarik, Oksana Kuzmina & lumen-digital - fotolia.com; Seite 8: © Daddy Cool & Pavel Losevsky - fotolia.com; Seite 9: © mavoimages, Kamil Cwiklewski & Claudia Paulussen - fotolia.com; Seite 10: © Pavel Loswvsky & Irina Schmidt - fotolia.com; Seite 11: © auremar, Pavel Losevsky, curto, Dan Race & drubig-photo - fotolia.com; Seite 12: © goldbany & kolinko_tanya - fotolia.com; Seite 13: © alphaspirit, ehrenberg-bilder, diosmirnov, Africa Studio & Shrimp graphic - fotolia.com; Seite 14: © likas, Mykola Velychko & Maria B. - fotolia.com; Seite 15: © katharina neuwirth & Olena Teslya - fotolia.com; Seite 16: © albert schleich, lotosfoto & oksix - fotolia.com; Seite 17: © photowahn, wakatdesign, Legnaw & anvier - fotolia.com; Seite 19: © lunamarina & sabelskaya - fotolia.com; Seite 20: © Bashkatov, kontur-vid, furo_felix & Africa Studio - fotolia.com; Seite 21: © crimson, rastlily, Yeamake, oksix, spass, diosmirnov & Oksana Kuzmina - fotolia.com; Seite 22: © clipart.com; Seite 23: © Rawpixel.com & jokatoons - fotolia.com, © clipart.com; Seite 24: © Klara Viskova, jokatoons, Alexey Bannykh, yusak_p & Rokfeler - fotolia.com; Seite 25: © Sergey Novikov - fotolia.com, © wikimedia commons; Seite 26: © Anna Velichkovsky & Ievgen Melamud - fotolia.com; Seite 27: © tigatelu & DenisNata - fotolia.com, © wikimedia commons; Seite 28: © Roland H. Palm - fotolia.com, © wikimedia commons; Seite 29: © RadVila & tigatelu - fotolia.com; Seiten 30-34: © clipart.com; Seite 35: © ChristArt, by-studio & sararoom - fotolia.com, © clipart.com; Seite 36: © by-studio - fotolia.com; Seite 37: © Evgenia Tiplyashina, Frofoto & sararoom - fotolia.com; Seite 38: © amnachphoto, daizuoxin, Winai Tepsuttinun, ecco, Flo-Bo & Studio Barcelona - fotolia.com, © clipart.com; Seiten 39-41: © clipart.com; Seite 42: © Mikko Pitkänen - fotolia.com, © clipart.com; Seite 43: © Michael Schütze, sveta, flutreiz, Robert Kneschke, auremar, SENTELLO, Alexandra & paleka - fotolia.com; Seite 44; © yanlev & mariesacha - fotolia.com; Seite 45: © snyGGG, shishiga & Alexandra - fotolia.com, © clipart.com; Seite 46: © morrowlight - fotolia.com, © clipart.com; Seite 47: © nataka - fotolia.com, © clipart.com; Seite 48: © svetamart, Eléonore H, ericcote, Jean Koben, RABE, BlueOrange Studio, Sandra van der Steen, Vojtech Vlk & DreanA - fotolia.com; Seite 49: © Hunta, Susanne, Güttler, bonniemarie, Vinicius Tupinamba, tan4ikk, DenisNata & Sergey Sukhorukov - fotolia.com; Seite 50: © JenkoAtaman & Smailhodzic - fotolia.com

Das vorliegende Werk und seine Teile sind urheberrechtlich geschützt. Jede Nutzung in anderen als den gesetzlich zugelassenen Fällen bedarf der vorherigen schriftlichen Einwilligung des Verlages. Hinweis zu § 52a UrhG: Weder das Werk noch seine Teile dürfen ohne eine solche Einwilligung eingescannt und in ein Netzwerk oder das Internet eingestellt werden. Dies gilt auch für Intranets von Schulen und sonstigen Bildungseinrichtungen.

Unsere Lizenzmodelle

Der vorliegende Band ist eine Print-Einzellizenz

Sie wollen unsere Kopiervorlagen auch digital nutzen? Kein Problem – fast das gesamte KOHL-Sortiment ist auch sofort als PDF-Download erhältlich! Wir haben verschiedene Lizenzmodelle zur Auswahl:

	Print-Version	PDF-Einzellizenz	PDF-Schullizenz	Kombipaket Print & PDF-Einzellizenz	Kombipaket Print & PDF-Schullizenz
Unbefristete Nutzung der Materialien	x	x	x	x	x
Vervielfältigung, Weitergabe und Einsatz der Materialien im eigenen Unterricht	x	x	x	x	x
Nutzung der Materialien durch alle Lehrkräfte des Kollegiums an der lizensierten Schule			x		x
Einstellen des Materials im Intranet oder Schulserver der Institution			x		x

Die erweiterten Lizenzmodelle zu diesem Titel sind jederzeit im Online-Shop unter www.kohlverlag.de erhältlich.

Inhaltsverzeichnis

		Seite
	Vorwort	**4**
1	**Die Pädagogische Bedeutung von Rollenspielen**	**5**
2	**Erste Rollenspiele**	**8**
	Mutter, Vater, Kind – Doktor und Krankenhaus – Unterwegs in der Pappkiste – Schule spielen – Der Kaufladen – Im Dorf	
3	**Sing- und Märchenspiele**	**22**
	Fleißige Handwerker, Dornröschen, Hänsel und Gretel, Die Bremer Stadtmusikanten, Theaterstück Schneewittchen	
4	**Kasperle-Theater und Fingerpuppen**	**35**
	Kasperle-Theater ganz einfach gestalten Richtig Kasperle spielen – Die Haltung – Kleine Spiele Kasper und der Räuber – Die entführte Prinzessin Das Melonenfest – Das hungrige Krokodil Theaterbühne für Fingerpuppen Fingerpuppen aus Pappe und Filz	
5	**Die Verkleidungskiste**	**43**
	Was Kinder alles brauchen können Vorschläge für Kleidung, Requisiten und die Kulissen Wer trägt denn was? Ideen zum Verkleiden Hexenhut und Hexenbesen basteln Indianerschmuck und Zwergenmütze Krone für Prinzessin und König/Prinz	
6	**Schminken – Tipps**	**48**
	Anregungen für „Kunstwerke“ Die Grundausstattung – Schminke und Zubehör Zoo und Zirkus spielen Karneval und die Kostüme Halloween im Kindergarten? Angstfreie Ideen Topmodel-Show	

KOHL VERLAG Lernen mit Erfolg
Verkleiden & Rollenspiele
In fremde Rollen schlüpfen .. – Bestell-Nr. 11 864

Vorwort

Möchten wir nicht alle gerne mal jemand anders sein, in anderen Rollen erscheinen? Die Hausfrau eine Karrierefrau oder ein Model, der Karrieremann einfach nur Gärtner?

Kindern fällt es wesentlich einfacher in andere Rollen zu schlüpfen. Uns ist ihre Unbefangenheit abhandengekommen, sind wir doch, die meisten jedenfalls, doch eher „Realisten“.

Kleinere Kinder spielen ihr Umfeld nach, am besten, wenn sie sich unbeobachtet fühlen. Größere Kinder erleben dann bewusster andere Rollen. Manche haben Spaß daran, „Theater zu spielen“, andere nicht. Doch es gibt Kreisspiele, an denen kleine Stars und Statisten Spaß haben. Dazu gehören auf jeden Fall Märchengeschichten.

Fingerpuppenspiele und Kasperletheater eignen sich sowohl für Rollenspiele als auch für kleine „Theaterstücke“. Hier können alle Kinder ihrer Fantasie freien Lauf lassen. In diesem Heft finden Sie Ideen, die sich unendlich ausbauen lassen.

Es geht hier allerdings nicht um Drehbücher und Texte, die die Kinder auswendig herunter sagen sollen, sondern um die Emotionen und Gedanken, die sie in ihrer momentanen Rolle erleben und selbst ausdrücken sollen.

Ganz wichtig ist eine Verkleidungs- und Requisitenkiste, die vom Sofakissen bis zum alten Brillengestell alles enthalten kann. Auch hierzu wie zum Schminken gibt es Anregungen und Vorschläge.

Königs- und Prinzessinnenkronen und Zwergenhüte können genau wie Spielgeld oder Hexenbesen gebastelt werden, was die Kinder noch intensiver mit den verschiedenen Rollen verbindet.

Viel Freude und Erfolg beim Einsatz der vorliegenden Kopiervorlagen wünschen Ihnen der Kohl-Verlag und

Gabriela Rosenwald

1 Die Pädagogische Bedeutung von Rollenspielen

Erste Spiele

Mit Rollenspielen lernen Kinder auf spielerische Art, ihre Sprache und Fähigkeiten zu erweitern. Das Erleben unterschiedlicher Rollen fördert die Entwicklung und das Verständnis für andere Menschen. Sie fördern dazu Fantasie und Kreativität.
Schon Zweieinhalbjährige beginnen auf diese Weise, sich so in die Welt der Erwachsenen hinein zu versetzen. Beim Kochen, Waschen oder Einkaufen usw. üben sie laufend neue Handlungen ein. Dazu brauchen die Kinder Vorbilder von Erwachsenen, die ihnen durch ihr Handeln und Tun „Anweisung" geben. Auch das Sozialverhalten der Kinder wird beim Rollenspiel gefördert: Sie lernen, Gefühle anderer wahrzunehmen und darauf einzugehen, und üben auf diese Weise Rücksicht und Einfühlungsvermögen. Umgekehrt können sie im Spiel auch eigene Gefühle zeigen und zum Ausdruck bringen.

Rollenspiele üben soziales Verhalten

Ganz gleich, ob ein Kind mit einem bzw. mehreren anderen Kindern Rollenspiele spielt oder für verschiedene Rollen Puppen, Stofftiere oder Spielfiguren einsetzt, es kann dabei viel lernen:

- in eine Gruppe einfügen, Regeln einhalten
- andere Standpunkte verstehen
- sich in andere Menschen und deren Gefühle hineinversetzen
- Ängste verarbeiten
- Verhaltensweisen der Erwachsenen einüben
- kleinere Konflikte erkennen und lösen
- Ideen einbringen, Kontakte knüpfen
- Verantwortung übernehmen
- Wünsche und Bedürfnisse äußern, sich durchsetzen
- tolerant sein und Rücksicht nehmen auf andere

Kinder brauchen Zeit

Viele Kinder sind bis zum Nachmittag im Kindergarten. Oft folgen dann noch Musikschule, Sportverein, Ballett oder Reitstunden. Ihr Tagesplan ist oft voller als der mancher Erwachsenen. So fehlt ihnen die Zeit zum freien Spielen und zum Ausleben, Ausprobieren ihrer persönlichen Fähigkeiten. Das ist sehr bedauerlich, denn gerade beim freien Spielen lernen Kinder vieles und sammeln Erfahrungen, die sie brauchen, um später in der Schule und im Leben zurecht zu kommen.

Langeweile

Alarm! Die Kinder langweilen sich! Schnell eine Reihe von Spielen anbieten? Doch die werden dann meist abgelehnt, denn ein gelangweiltes Kind weiß oft nicht was es will. Aber es weiß, was es nicht will. Besser ist es, den Kindern zu sagen, dass Langeweile auch mal sein muss, damit man sich auf neue Spiele einlassen kann. „Schaut euch mal um, bestimmt findet ihr etwas, was ihr tun möchtet." Langeweile gehört zum Leben. Sie ist sogar wichtig, denn neue und tolle Ideen entwickeln sich oft aus dieser Langeweile.

1 Die Pädagogische Bedeutung von Rollenspielen

Erste Rollenspiele

Rollenspiele werden für Kinder ab zwei bis drei Jahren interessant. Wenn sie beginnen, sich als eigenständige Person wahrzunehmen, fangen sie auch an, sich für Rollenspiele zu interessieren und Personen und Handlungen nachzuahmen. Nun wird aus dem Spielen für sich allein immer mehr ein Zusammenspiel mit anderen Kindern. Kinder im Kindergartenalter beschäftigen sich oft einen großen Teil des Tages mit Rollenspielen. Meist werden sie sich Situationen aussuchen, die sie gerade beschäftigen oder die sie aus dem Alltagsleben kennen (z.B. Familie, Arztbesuch, Einkaufen).
Bei Rollenspielen geht es um die Gedanken, Gefühle und Erlebnisse der Kinder. Sie spielen „sich selbst", ihre Befürchtungen, ihre Erwartungen, ihre Wünsche, ihre Phantasien, ihre Freuden und Sorgen. Themen zu diesen ersten Rollenspielen sollte und kann man nicht vorgeben, sie entwickeln sich von ganz alleine. Je jünger die Kinder sind, umso überschaubarer sollte die Situation sein. Verwirrung entsteht auch durch zu viel Spielmaterial. Auch wenn die Beaufsichtigung etwas aufwändiger ist, sollte man Kindern Freiräume schaffen. Kinder spielen ihre Rollenspiele am unbefangensten, wenn sie sich unbeobachtet fühlen. So ist eine abgeteilte Ecke im Gruppenraum, ein Versteck hinter Büschen im Garten oder ein Spielhaus willkommen. Ich erinnere mich, dass wir früher schon mit ein paar Decken und Wäscheklammern „Höhlen" bauten, wo wir uns ungestört fühlen konnten.
Die Kinder sollen und können ihre Rollenspiele im Kindergarten selbstständig durchführen. Sie sollten nur eine unbemerkte „Aufsicht" führen. Wenn die Kinder Sie in ihr Spiel einbeziehen möchten (beliebt als Kundin beim Kaufladen), können Sie natürlich eine Weile mitspielen. Vielleicht gelingt es Ihnen in dieser Zeit auch, andere, schüchterne Kinder in das Spiel zu integrieren. Doch dann sollten Sie sich wieder zurückziehen, um das selbstständige Spiel der Kinder nicht zu beeinflussen.

Themenwahl

Für die Kleinen die beliebtesten Themen sind früher wie auch heute:

1. Mutter, Vater, Kind
2. Kaufladen
3. Doktorspiel
4. Unterwegs in der Pappkiste – Reise nach ....

Für ein wenig ältere Kinder sind interessante Themen:

1. Kasperle-Theater spielen
2. Indianer und Cowboys
3. Piraten und Seeleute
4. Mittelalter und Ritter
5. Prinzessin, Schmuck und Schminken

KOHL VERLAG Verkleiden & Rollenspiele In fremde Rollen schlüpfen ■ Bestell-Nr. 11 864

1 Die Pädagogische Bedeutung von Rollenspielen

Vorbilder schaffen – nicht so einfach

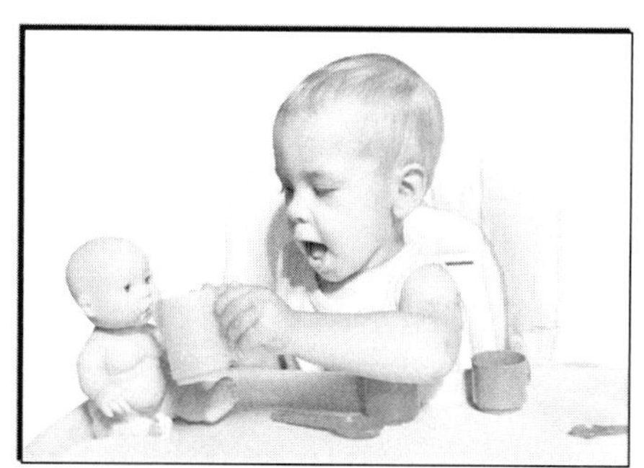

Kinder lernen durch Nachahmung. Schon früh beobachten und speichern sie Abläufe, die in ihrer Umgebung geschehen. Später spielen sie sie dann nach, erst in ihrem engsten Umfeld, dann mit Spielkameraden im Kindergarten. Die Puppe (oder auch der Teddybär) ist das bedeutendste Spielzeug, das Kinder haben. Darin erkennen Kinder sich selbst, drücken ihre Gefühle aus und verarbeiten, was sie erleben. Und sie zeigen im Spiel auch, welche Pflege, Liebe und Fürsorge sie selbst erfahren oder sich wünschen.

Für Kinder wird es jedoch heute immer schwerer, Rollen aus dem Alltagsleben zu finden, die sie spielen können. Der Beruf der Eltern sowie die Hausarbeiten in ihrer Umgebung werden immer abstrakter. Die Arzthelferin wird zur medizinischen Fachangestellten, der LKW-Fahrer zum Logistiker... Darunter können sich Kinder wenig vorstellen. Wenn beide Eltern arbeiten, spielt sich das Familienleben ohnehin nur am Abend ab. Sichtbare und praktische Tätigkeiten verschwinden und werden von Maschinen ausgeführt. Früher wurde von Hand gespült, die Kinder trockneten ab. Das erledigt heute der Geschirrspüler. Auch empfindliche Wollsachen, früher von Hand gewaschen, kommen dank Schonprogrammen in die Waschmaschine. Putzen müssen wir meist noch selber, und zugegebenermaßen ist es einfacher, dies allein zu erledigen als mit kleinen Kindern, die das schmutzige Wasser im Raum verteilen und den Spiegel mit Creme einreiben, damit er blank wird. Dabei lieben Kinder alle praktischen Tätigkeiten, bei denen sie helfen können und durch die sie verstehen, wie etwas abläuft. Ob im Haushalt, im Garten oder auf dem Bauernhof – Kinder sind immer fasziniert, wenn sie zusehen dürfen, wie Menschen arbeiten und etwas (er)schaffen. Sie kehren, spülen, gärtnern, buddeln, gießen und putzen sogar gern, wenn sie nur bei den Großen mitmachen dürfen. Und es gibt auch Dinge, die kleine Kinder schon können... ☺ Ein „Danke" oder „Das hast du gut gemacht" motiviert das Kind für die weitere Zusammenarbeit...

Auch an die Stelle von kurzen Besuchen tritt heute in der Regel ein Smartphone. Früher ging Mama mal eben um die Ecke, um ihrer Freundin etwas zu erzählen. Natürlich kamen die Kinder mit und trafen ihrerseits ihre Kameraden. Heute greift Mama zum Handy und sendet eine Nachricht (z.B. per „WhatsApp").

Selbst im Kindergarten beobachtet man Kinder, die im Rollenspiel nicht mehr interagieren, sondern auf einem Holzklotz herumtippen wie auf einem Laptop oder einen Baustein wischen wie ein Smartphone. Auch beim Vater-Mutter-Kind Spiel wird schon mal ein Kind vor den Fernseher gesetzt oder bekommt ein „Tablet" in die Hände gedrückt mit den Worten: „Jetzt gib mal Ruhe und beschäftige dich selbst."

2 Erste Rollenspiele

Mutter, Vater, Kind

Heute wachsen immer mehr Kinder mit nur einem Elternteil auf. Trotzdem spielen Kinder weiterhin Vater-Mutter-Kind. Jedes Kind weiß, dass es Mama und Papa gibt, auch wenn einer im Alltag fehlt. Der fehlende Elternteil lebt manchmal erst recht im Kind weiter, als Sehnsucht nach der heilen Familie. Im Spiel taucht er mit Sicherheit irgendwann in irgendeiner Form auf. So verarbeiten Kinder im Rollenspiel „Familie“ einerseits, was sie erlebt haben, und zeigen andererseits, was sie sich wünschen. Beides ist wichtig für eine gesunde seelische Entwicklung.

Bei aller Gleichberechtigung ist unsere Umwelt immer noch durch typisch männliche und weibliche Verhaltensweisen geprägt. Auch wenn junge Leute das heute anders sehen: es kümmern sich immer noch mehr Mütter um Kinder und Haushalt als Väter. Kinder spielen in Rollenspielen nach, was sie im Alltag erleben. Vielleicht meinen Sie „...aber bei einigen zu Hause kocht Papa das Essen und Mama geht zur Arbeit“. Kinder orientieren sich an den Urbildern. Und Einfluss haben nicht nur die Eltern, sondern auch Freunde, Großeltern, Erzieher und die Medien.

Selbsteinschätzung und Sozialkompetenz

„Nein, ich will nicht das Baby sein, und auch nicht der Hund! Wenn ich nicht der Papa sein darf, spiel’ ich nicht mehr mit!“ Luis dreht sich um und will gehen. Jetzt reicht es ihm mit Lotta. „Immer willst du bestimmen, das mag ich nicht mehr!“

Im Kindergarten übernehmen die großen Kinder die Aufgabe als Anführer, die Jüngeren müssen sich in das Geschehen einfügen Die kleineren Kinder sind oft noch sehr zufrieden mit einer solchen Rolle. So können sie erst einmal beobachten, wie sich das Spiel entwickelt, und nach und nach herausfinden, was von ihnen erwartet wird.

Kinder lernen vieles beim Verteilen der Rollen. Die sogenannten Bestimmer merken schnell, dass sie jüngere und schüchterne Kinder kommandieren können, ältere oder selbstbewusste Kinder jedoch nicht. Sie merken auch, dass sie alleine dastehen, wenn sie keine Kompromisse eingehen.

Andere Kinder finden heraus, dass ihnen der Platz in der zweiten Reihe viel besser gefällt und dass sie gar nicht Mama oder Papa sein wollen. Sie spielen gerne das Kind, das sich im Wagen herumschieben lässt. So wie es im Erwachsenenleben dominante Führungspersönlichkeiten und ruhigere Zeitgenossen gibt, so gibt es natürlich auch unter Kindern Mädchen und Jungen mit verschiedenen Wesenszügen und Temperamenten.

Verkleiden & Rollenspiele
In fremde Rollen schlüpfen ■ Bestell-Nr. 11 864
KOHL VERLAG

Kinder brauchen andere Kinder

Niklas steht im Flur und hält seinen Teddy im Arm. Er legt ihn in den Puppenwagen, deckt ihn zu und spricht leise mit ihm. Natürlich können Kinder auch für sich alleine in die Vater- oder Mutterrolle schlüpfen. Kinder spielen Vater-Mutter-Kind am liebsten oder fast ausschließlich mit anderen Kindern, die sie mögen. Günstig sind Spielkameraden verschiedenen Alters. Früher war das kein Problem, denn es gab meist Geschwister oder Nachbarkinder im Hof und auf der Straße. Heute leben viele als Einzelkinder, es fehlen die Geschwister oder andere vertraute Freunde in der näheren Umgebung.

Ungefähr im Alter von drei Jahren, wenn Kinder gut sprechen können, werden Rollenspiele auch im Kindergarten wichtig. Meist übernehmen dabei die großen Kinder die Führerrolle. Sie geben oft den Spielverlauf vor, die Jüngeren müssen sich in das Geschehen einfügen. „Wir spielen Vater-Mutter-Kind, und du bist das Kind und ich die Mama!“, befiehlt Lotta und setzt den kleinen Luis energisch in den Kinderwagen.

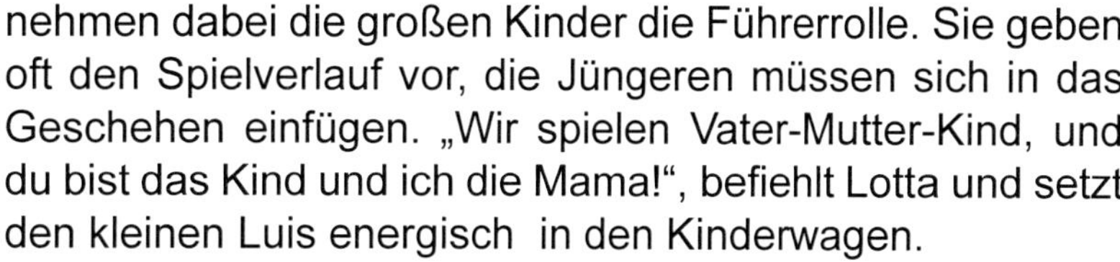

Doch im Laufe der Zeit werden die Kinder größer und wollen nicht mehr das Baby oder der stumme, duldsame Patient sein, der sich alles gefallen lassen muss. Die Kinder wehren sich, weil sie auch mal Mama, Papa, Doktor oder Lehrer sein wollen.

Kinder verhandeln oft hart über die Rollenverteilung und können dabei sehr viel lernen, wenn sie das selbst regeln. Doch man sollte sich hierbei möglichst nicht einmischen, die Kinder lernen bei diesen Auseinandersetzungen sich zu behaupten und Kompromisse zu schließen. So wachsen die Kinder in neue Rollen hinein und übernehmen das Spiel, wenn die größeren Kinder aus dem Kindergarten ausscheiden oder ihr Interesse daran verlieren. Das ist ein wichtiger Prozess, den man nicht stören sollte, auch wenn es einem nicht gefällt, wie ein Kind „herumkommandiert“ wird.

Daher ist es wichtig, dass Kinder verschiedenen Alters zusammenkommen. Altersübergreifende Rollenspiele sind ein Prozess, in dem Kinder Sozialkompetenz entwickeln und lernen, dass sie sich in der Welt behaupten müssen. Das ist eines der Argumente für altersübergreifende Kindergärten und dafür, dass die Kinder die Zeit von 6 bis 7 Jahren noch im Kindergarten verbringen dürfen. Die jüngeren Kinder lernen viel vom Vorbild der „Großen“, die älteren Kinder dürfen ein Jahr lang genießen, dass sie die „Großen“ sind und vieles besser wissen und können als die Kleinen. Das stärkt das Selbstbewusstsein für die Schule.

2 Erste Rollenspiele

Rollen ausprobieren

Beim Rollenspiel geht es für Kinder genau darum: auszuprobieren und zu testen, welche Rollen und Verhaltensweisen zu ihnen passen, unabhängig von der vorgegebenen Geschlechterrolle oder anderen Erwartungen. Daher können natürlich auch Jungs die Mama spielen und Mädchen den Papa.

Kinder sind der Ansicht, dass über sie bestimmt wird und die Eltern erlauben und verbieten können – was ja auch meistens richtig ist. Nun können sie im Spiel mal Mama oder Papa sein und selber Entscheidungen treffen. Dabei sind sie ganz schön konsequent. „Jetzt

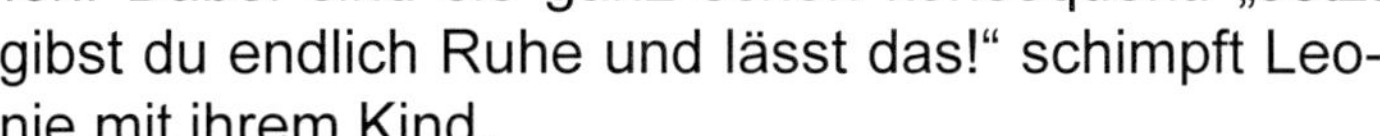

gibst du endlich Ruhe und lässt das!“ schimpft Leonie mit ihrem Kind.

Marie steht am Puppenherd und füllt aus dem Topf einen dünnen Brei in ein Schälchen. „Gleich gibt es leckeres Essen,“ sagt sie zu Elisabeth, ihrer Lieblingspuppe. Gekonnt nimmt sie ihr „Kind“ auf den Schoß und füttert es. Natürlich muss es anschließend ein „Bäuerchen“ machen, das sieht Marie bei ihrer Mutter und dem kleinen Bruder auch.

Mädchen und Jungen – die Gene...

Zwischen zwei und drei Jahren entdecken Kinder, dass es zwei Geschlechter gibt und ordnen sich selbst ein. Kleine Mädchen ziehen dann gern Mamas Schuhe an oder verkleiden sich als Prinzessin. Jungen spielen lieber Rollen wie Cowboy, Indianer, Busfahrer oder Pirat. Dadurch werden die Unterschiede für Kinder sichtbar. Der Mann geht zur Arbeit, die Frau versorgt die Kinder und kocht – so einfach ist der Unterschied zwischen den Geschlechtern.

Als meine beiden Ältesten 3 (Tochter) und 2 (Sohn) waren, beschloss ich, die Erziehung „geschlechtsneutral“ zu gestalten.

Etwa fünfmal in der Woche spazierten wir ins Dorf, 3mal, weil ich die Spielgruppe leitete, und 2mal zum Einkaufen. Es gab 2 Wege: der eine führte entlang der Hauptstraße mit einigem Verkehr, sprich Autos und Traktoren. Der andere Weg verlief am See vorbei, wo man die Enten füttern konnte. Schon früh bemerkte ich, dass mein Sohn eindeutig die Hauptstraße vorzog.

Doch zurück zu meiner „geschlechtsneutralen“ Erziehung. Zu Weihnachten bekamen beide Kinder ein Puppenbett mit liebevoll genähtem Bettzeug und Puppe.

Meine Tochter interessierte sich nicht wirklich für Puppen, nur für Tiere. Mein Sohn betrachtete die Sache skeptisch und funktionierte das Puppenbett ganz flott zum Auto um. Er passte rein, und die Puppe durfte immerhin mit. Meine Älteste fuhr dafür den Hund spazieren, so lange der Lust dazu hatte.

Doch meine zweite Tochter erfüllte dann alle Voraussetzungen einer guten Puppenmutter. ☺

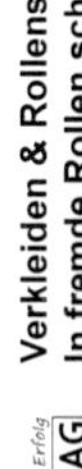

KOHL VERLAG
Verkleiden & Rollenspiele
In fremde Rollen schlüpfen – Bestell-Nr. 11 864

2 Erste Rollenspiele

Rollenspiele helfen Kindern die Welt zu verstehen

Rollenspiele machen Kindern nicht nur Spaß, sie helfen ihnen auch besser zu verstehen, was um sie herum geschieht. Kinder betrachten die Welt aus einem anderen Blickwinkel, wenn sie eine andere Person spielen. Besonders gern schlüpfen sie in die Rolle der Eltern, weil Vater und Mutter ihnen vertraut sind. In diesen Rollen fühlen sie sich meistens sehr stark und wohl. Ihren Gefühlen können Kinder im Rollenspiel freien Lauf lassen. So werden auch Begebenheiten aus ihrem häuslichen Umfeld nachgespielt. Die Kinder sehen sich nun aber als die Aktiven, die Handelnden, die Bestimmenden. Das fördert ihr Selbstbewusstsein.

Puppenstube, Playmobil und Barbie

Natürlich lassen sich auch Puppenstuben für Mutter-, Vater-, Kind-Spiele nutzen. Meist ist jedoch am Puppenhaus zu wenig Platz, als dass mehrere Kinder zusammen spielen könnten. Selbst Playmobil oder gar Barbie-Figuren ermöglichen Rollenspiele, doch die Figuren bieten der Fantasie der Kinder wenig Spielraum, da ist zu viel festgelegt und vorgegeben, wie z. B. Kleidung.

Rollenspiele auf Kommando?

Rollenspiele entwickeln sich meist von ganz alleine, man kann nicht sagen „Nun spielt mal Mutter, Vater, Kind." Trotzdem kann man vielleicht einige Ideen einbringen:

Wollt ihr vielleicht ein Picknick machen, auf Reisen gehen, oder müsst ihr zum Doktor, weil das Kind krank ist.... Weiterführende Ideen finden sich auf den nächsten Seiten.

Verkleiden & Rollenspiele
In fremde Rollen schlüpfen .. – Bestell-Nr. 11 864

2 Erste Rollenspiele

Beim Doktor und im Krankenhaus

Krankenhaus oder Arztpraxis sind Orte, wo uns in der Regel geholfen oder Schlimmeres verhütet wird. Trotzdem entsteht bei vielen Menschen Unbehagen, wenn sie zum Arzt oder gar ins Krankenhaus müssen. Das überträgt sich auf die Kinder. Sie lernen heute – oft durch Vorsorge-Untersuchungen und Impfen, kleine Unfälle oder leider auch durch schlimmere Erkrankungen – schon früh Arzt, Schwester und evtl. auch Krankenhaus kennen. Diese Erlebnisse lassen sich in einem Rollenspiel gut verarbeiten.

Im Krankenhaus

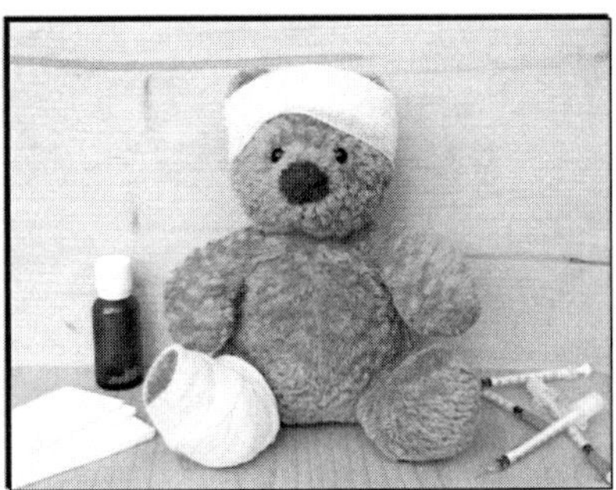

Der Teddy musste heute einiges über sich ergehen lassen: Zuerst hat man ihn geimpft und dazu mit einer Spritze in den Pelz gestochen. Dann wurde sein rechter Fuß mit einem Verband fest umwickelt. Dazu wurde seine Ohrenentzündung behandelt, und zum Schluss musste er noch eine eklige Medizin einnehmen.

Doch der Teddy hat das alles ohne Murren überstanden. Genau wie Lisa, die heute Morgen nach einem kleinen Unfall im Krankenhaus war. So hat sich Lisa ihren Teddy als Objekt für ihr Rollenspiel ausgesucht. Fremdes und Unbekanntes hat sie im Krankenhaus erlebt. Ärzte und Schwestern in weißer Kleidung, mit Mundschutz, Schmerzen musste sie ertragen, alles, ohne etwas selber tun zu können.

Nun kann Lisa ihre Erlebnisse verarbeiten. Jetzt ist sie die Akteurin als Doktor oder Schwester und redet ihrem Teddy gut zu, dass alles wieder gut wird.

Wenn Kinder ihre Erlebnisse nachspielen, erleben sie ihre Gefühle ein zweites Mal. Mit dem großen Unterschied, dass sie im Spiel mit der Puppe oder dem Teddy die Handelnden sind, die nun die Kontrolle über das Geschehen erlangen. Die Möglichkeit, Erlebtes zu wiederholen und dabei aktiv zu bestimmen, was passiert, bestärkt Kinder in dem Gefühl, ihre eigenen Geschicke leiten zu können. Der Glaube daran, das eigene Schicksal in die Hand nehmen zu können, ist eine wichtige Erkenntnis für das spätere Leben.

Requisiten für das Arzt-Krankhaus-Spiel

Es gibt Arztkoffer für Kinder, auch eine alte Autoapotheke enthält Pflaster und Binden. Ein Kittel ist schnell aus einem alten weißen Hemd hergestellt, eine Haube und ein Mundschutz lassen sich basteln. Mit einem Textilstift oder Permanent-Marker wird noch ein großes, rotes Kreuz auf die Haube gemalt.

Doktorspiele

Wenn sich Kinder gegenseitig ausziehen und Doktor spielen, hat das weniger mit dem ursprünglichen Nachspielen eines Arztbesuchs zu tun. Meist sind sie sind dann etwas älter und haben Interesse am eigenen Körper und an dem des anderen Geschlechts. Es geht dabei aber nicht um sexuelle Spiele, sondern um Neugier. Wenn Sie den Kindern ruhig vorschlagen, nun vielleicht ein anderes Spiel zu beginnen und sich wieder anzuziehen, entstehen keine Schuldgefühle.

2 Erste Rollenspiele

Unterwegs in der Pappkiste

Mit großen, leeren Pappkartons können sich Kinder stundenlang beschäftigen. Der Karton wird kreativ zum Haus, zum Flugzeug, zur Rakete, zum Versteck, zum Piratenschiff gestaltet oder einfach mit Fantasie zum Auto erklärt. Womit sich dann die ganze „Familie“ auf Reisen begeben kann.

Eisenbahn spielen

„Kommt, wir spielen Eisenbahn!“, schlägt Basti vor. Sogleich beginnen die Kinder, Stühle und Hocker zusammenzutragen und hintereinander in einer langen Reihe aufzustellen. Der große Stuhl ist die Lok, die Kinderstühlchen werden mit der Lehne nach unten gedreht, so sehen die Wagen „mehr nach Eisenbahn aus“, findet Lotta und bindet sie mit einem langen Seil aneinander. Ein kleiner Tisch wird ebenfalls umgedreht und dient als Anhänger. Dort dürfen Puppen und Teddybären Platz nehmen. Es gibt noch ein wenig Reiseproviant in Form von Gemüsesticks und Apfelstücken in einer Plastikdose. Ein paar Kissen vervollständigen die Bimmelbahn. Es gibt einen Zugführer und einen Schaffner, der die Fahrkarten kontrolliert. Der pfeift laut mit seiner Trillerpfeife. „Alle einsteigen!“ ruft er, „der Zug fährt los!“

Die Eisenbahn startet mit Ruckeln und Schaukeln. „Achtung, Kurve!“ schreit der Lokführer, „alle festhalten!“ Die Kurve ist unbeschadet durchfahren, und die Reise geht weiter …

Eisenbahn-Lied (überliefert)

Tut, tut, tut, die Eisenbahn,
wer will mit zur Oma fahren,
alleine fahren mag ich nicht,
da nehme ich mir die/den.... mit.

Ein Kind steigt in die Eisenbahn ein und singt mit allen das Lied. Das Kind, dessen Name gesungen wird, steigt ebenfalls in die Bahn, usw., bis alle im Zug Platz genommen haben. Das neu zugestiegene Kind darf den nächsten „Reisenden“ aussuchen.

2 Erste Rollenspiele

Schule spielen

Vorfreude, Neugier und etwas Angst erfüllt die Kinder vor der Schulzeit. Kinder schnappen von älteren Geschwistern oder Freunden auf, wie es in der Schule zugeht. Gespannt lauschen sie den Erzählungen und stellen sich den Unterricht vor.

Auch kleinere Kinder bekommen mit, dass Schule etwas Aufregendes sein muss, denn die Großen dürfen dort hingehen und lernen „richtig“ schreiben und rechnen. Schon bald können sie auch die Bilderbücher vorlesen – sehr erstrebenswert. Zudem machen die Erwachsenen meistens ein großes Aufheben darum. „In der Schule kannst du das aber nicht mehr machen“, werden Kinder ermahnt und lernen so, dass die Schule etwas ist, vor dem man zumindest ordentlich Respekt haben sollte. Entsprechend gespannt und auch etwas ängstlich erwarten sie ihren ersten Schultag.

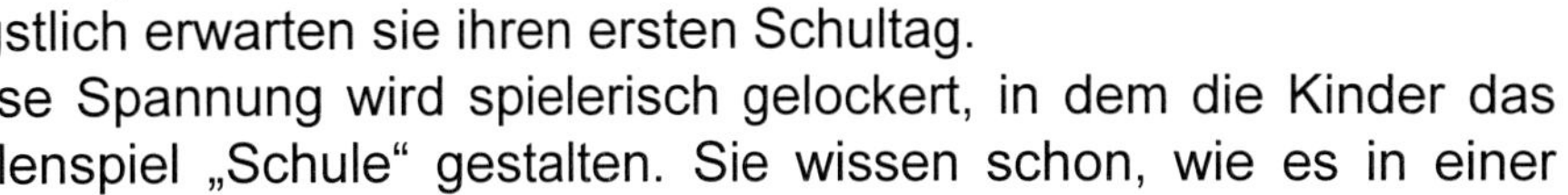

Diese Spannung wird spielerisch gelockert, in dem die Kinder das Rollenspiel „Schule“ gestalten. Sie wissen schon, wie es in einer Schule aussieht. So stellen sie Tische und Stühle vor die Tafel und legen Papier und Stifte bereit. „Ruhe bitte!“, sagt Lotta, die Lehrerin. Sie malt große Blumen und Schmetterlinge an die Tafel. „Die malt ihr jetzt mal richtig ab,“ fordert sie ihre Schüler auf. Auch erste Rechenaufgaben können viele Kinder schon lösen. „Ein Apfel und 2 Äpfel, wie viele sind das?“ fragt die kleine Lehrerin.

Puppenschule

Auch Puppenschule ist ein beliebtes Spiel. Selbst Teddys und andere Stofftiere dürfen teilnehmen. Vom Puppentornister über den Abakus, Hefte, Stifte und Farbkasten kann man das alles heute im Miniformat kaufen. Doch es macht auch viel Spaß, kleine Hefte zu basteln und Bunt- und Bleistiftreste zu sammeln. In jedes Puppenheft werden Bilder gemalt, Namen geschrieben und Rechenaufgaben gelöst. Natürlich muss die kleine Lehrerin oder der Lehrer anschließend auch Noten verteilen. Und das ganz gerecht, auch wenn die Lieblingspuppe einfach das hässlichste Bild gemalt hat!

Kleine Puppenhefte sind ganz schnell hergestellt

Ihr braucht:

- *Buntes Papier für den Umschlag*
- *linierte, karierte oder einfach nur weiße Blätter (DIN A4)*
- *Faden und Nadel oder ein Stück Kordel*
- *Schere*

So geht's:

- *Teilt jedes Blatt in 4 Teile.*
- *Legt die Blätter aufeinander und faltet sie in der Mitte.*
- *Schneidet aus dem bunten Papier ein gleichgroßes Blatt zu.*
- *Faltet es ebenfalls in der Mitte.*
- *Bindet die Blätter mit der Kordel zusammen oder näht das Heft mit 2-3 Stichen zusammen – nun noch ein Namensschild drauf und fertig!*

Verkleiden & Rollenspiele
KOHL VERLAG

2 Erste Rollenspiele

Der Kaufladen

Es gibt so gut wie kein Kind, das nicht gerne Einkaufen spielt. Meist bevorzugt das Kind dabei die Rolle des Verkäufers: Es fragt den Kunden nach seinen Wünschen, holt die Waren aus dem Regal, nennt den Preis und nimmt das Geld ein.
Hier kann man viel über den aktuellen Entwicklungsstand der Kinder erfahren: Wie gut nehmen sie Gehörtes auf, können sie es umsetzen, wie groß ist der Wortschatz, wie verständlich können sie sich selber ausdrücken?
Kinder spielen begeistert das Geschehen im Kaufladen oder heute meist im Supermarkt oder beim Discounter nach.
„Nein, Bananen haben wir nicht mehr!“, bedauert Lotta. „Aber hier habe ich noch grüne Äpfel und leckere Mandarinen. ...“, sagt sie und weist auf ihr letztes Obst hin.

Wenn Kinder Kaufladen spielen, dürfen sie endlich einmal bestimmen, was sie einkaufen wollen, alle Produkte anfassen, also all das tun, was ihnen im Supermarkt sonst immer so rigoros verboten ist.

„Ich möchte Eis, Gummibärchen, Seifenblasen, Käsekuchen und bunte Stifte.“ Nina kommt heute zu Martin zum Einkaufen. Sie schiebt ihre Lieblingspuppe im Wagen vor sich her und sucht nach Herzenslust aus, was ihr gefällt. Sie freut sich über die Dinge, die sie ganz alleine ausgesucht hat und mit denen ihre Mutter nie einverstanden gewesen wäre. Schließlich sucht sie die Münzen in ihrem Spielportemonnaie und zählt ab: „Siebenunddreißig, zwanzig, drei, acht,“ sagt sie stolz. Zahlen kennt sie noch nicht wirklich, aber sie findet das Spielgeld interessant und es gefällt ihr, damit umzugehen. Und trotz ihrer – aus Erwachsenen-Sicht – nicht ganz so sinnvollen Einkäufe beginnt sie zu verstehen, wie die Welt der großen Leute funktioniert.

Sand-Kuchen, Blätter-Hot-Dogs – Einkaufen kann man überall spielen

Kinder spielen Einkaufen auch ganz ohne Kaufmannsladen: Jonas sitzt im Sandkasten und backt liebevoll Kuchen um Kuchen. „Einen Schokoladenkuchen?“ fragt er seine Erzieherin.
„Ja“, sagt sie freundlich, auch wenn sie heute schon mehrere Schokoladen- und Zitronenkuchen bekam. Jonas ist stolz und freut sich.
Lotta und Jan haben draußen einen Stand für Brötchen errichtet. Aus Rindenstücken, Blättern und Steinchen gibt es die verschiedensten Exemplare, in allen Geschmacksrichtungen.
Bei einem Spaziergang durch den Wald bauten die Kinder im Herbst auf einem Baumstamm einen Stand mit Würstchen, Pommes und Pizza auf. Hergestellt wurden die Sachen aus Eicheln, Tannenzapfen, Rinde, Blättern und Steinchen.

So stellen wir fest: Das Kaufladenspiel ist – wie auch andere Rollenspiele – weder an Gegenstände noch an Orte gebunden. Es kann in jeder Umgebung stattfinden, im Kindergarten, draußen, im Kinderzimmer …

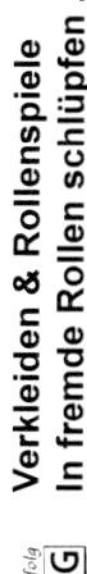

2 Erste Rollenspiele

Was gehört zu einem richtigen Kaufladen dazu?

Auf die Ausstattung kommt es meist gar nicht so sehr an. Manche Requisiten können zwar den Beginn eines Rollenspiels und die Identifikation mit der Rolle erleichtern, doch umgekehrt kann eine allzu perfekte Ausstattung die Fantasie der Kinder auch blockieren. So ist es vorteilhafter, wenn sie zum Improvisieren angeregt werden, indem sie Gegenstände einfach umfunktionieren: Aus einem Pappkarton oder Baumstamm wird eine Theke, aus Bauklötzen werden Pakete Mehl und Zucker, aus Spielsteinen wird Geld …

Natürlich gefällt uns Erwachsenen ein „richtiger“ Kaufladen mit Theke, Regalen, Kasse, Waage und möglichst Originalverpackungen und naturgetreu geformtem Obst, Gemüse und Brot am besten. Doch kleinere Kinder brauchen das alles nicht unbedingt. Es behindert manchmal eher ihre Vorstellungskraft.

Es gilt: Je kleiner die Kinder sind, desto weniger brauchen sie. Anfangs reicht es allemal, wenn man ein oder zwei Regalbretter hat und ein Kindertischchen davorstellt. Die Kinder können kleine Schachteln mit Kastanien, kleinen Zapfen, Eicheln und Nüssen füllen, auch Nudeln und dicke weiße Bohnen eignen sich. Hilfreich sind ein paar Schäufelchen. Ein kleines Einkaufskörbchen genügt, um das Spiel in Gang zu bringen. Später kann man eine Kasse, eine Waage oder einen Einkaufswagen dazustellen. Bei einer Kasse sollte man darauf achten, dass diese stabil ist und etwas aushält. Wenn sie einen Scanner hat, muss dieser nicht wirklich piepsen, das machen Kinder auch gerne selbst.

Ein kleines Mädchen spielte begeistert Kaufladen. Bei jedem Einkauf erklang ein lautes „düd“ der Kasse durch den Raum. Später vertraute sie mir an, dass sie unbedingt Verkäuferin bei Aldi werden wollte, „weil da die Kasse so schön „düd“ macht“. (Sie studiert heute Medizin …)

Ältere Kindergartenkinder freuen sich dann aber über einen „richtigen“ Kaufladen aus Holz. Kindern in diesem Alter gefallen auch die kleinen Päckchen, die wie die echten Lebensmittelpackungen der Erwachsenenwelt aussehen. Sie sind begeistert über die Fischstäbchen, die sie aus dem Tiefkühlregal kennen, das Fläschchen mit dem Würzmittel, das die Oma immer benutzt, oder Obst, dass sie abwiegen und verkaufen können.

Bei unseren Einkäufen erhalten wir oft Waren in kleinen Plastikschalen. Diese eignen sich gut, um Nudeln, Eicheln, Nüsse oder ähnliches im Kaufladen aufzubewahren oder auszustellen. Man sollte die Schalen aber vorher heiß spülen.

Den Sinn eines kleinen Einkaufwagens kennen schon die Jüngsten. Wenn aber kein derartiger Wagen zur Verfügung steht, sind die Kinder auch mit einem Einkaufskörbchen zufrieden. Das wiederum erhalten wir auch oft mit Obst oder Pilzen. Ordentlich gereinigt lässt es sich gut zum Kaufladenspielen verwenden.

Verkleiden & Rollenspiele
In fremde Rollen schlüpfen – Bestell-Nr. 11 864
KOHL VERLAG Lernen mit Erfolg

Erste Rollenspiele

Es gibt noch Dinge, die man zum Thema Kaufladen basteln kann

Natürlich steht das Kaufladenspiel im Vordergrund. Doch auch das Basteln dazu macht eine Menge Spaß. Auf jeden Fall sollte man die Kinder einbeziehen. Das Formen und Gestalten fördert zudem die Kreativität der Kinder.

Kleine Tüten selbst gemacht

Aus buntem Kopierpapier könnt ihr in 3 Schritten einfache Spitztüten falten.

1. Die rechte untere Ecke an den oberen Rand falten.
2. Die rechte Seite nach links umklappen.
3. Den überstehenden Rest nochmal umklappen und mit Leim fixieren.

Diese Tüten lassen sich mehrmals verwenden.

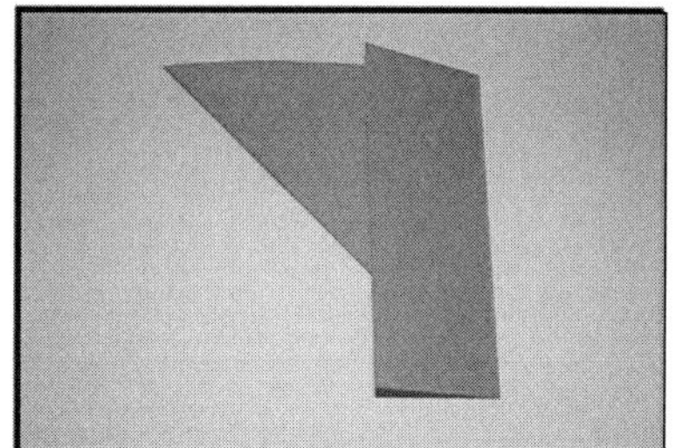

Spielgeld für jüngere Kinder – Euros für ältere Kinder

Banken oder Sparkassen haben oft vorgestanztes Spielgeld, was kostenlos erhältlich ist. Auch alte Bonus- oder Kundenkarten kann man als Zahlungsmittel in die Geldbörse stecken – das begeistert Kinder deshalb besonders, weil sie ja im Laden auch sehen, wie Mama und Papa mit der EC-Karte bezahlen. Jüngere Kinder nehmen auch gerne Spielgeld, weil es meist hübscher gestaltet ist.

Verkleiden & Rollenspiele
In fremde Rollen schlüpfen .. – Bestell-Nr. 11 864

2 Erste Rollenspiele

<u>Dieses Spielgeld kann bunt angemalt werden. Dann wird es laminiert und ausgeschnitten, so hält es lange Zeit!</u>

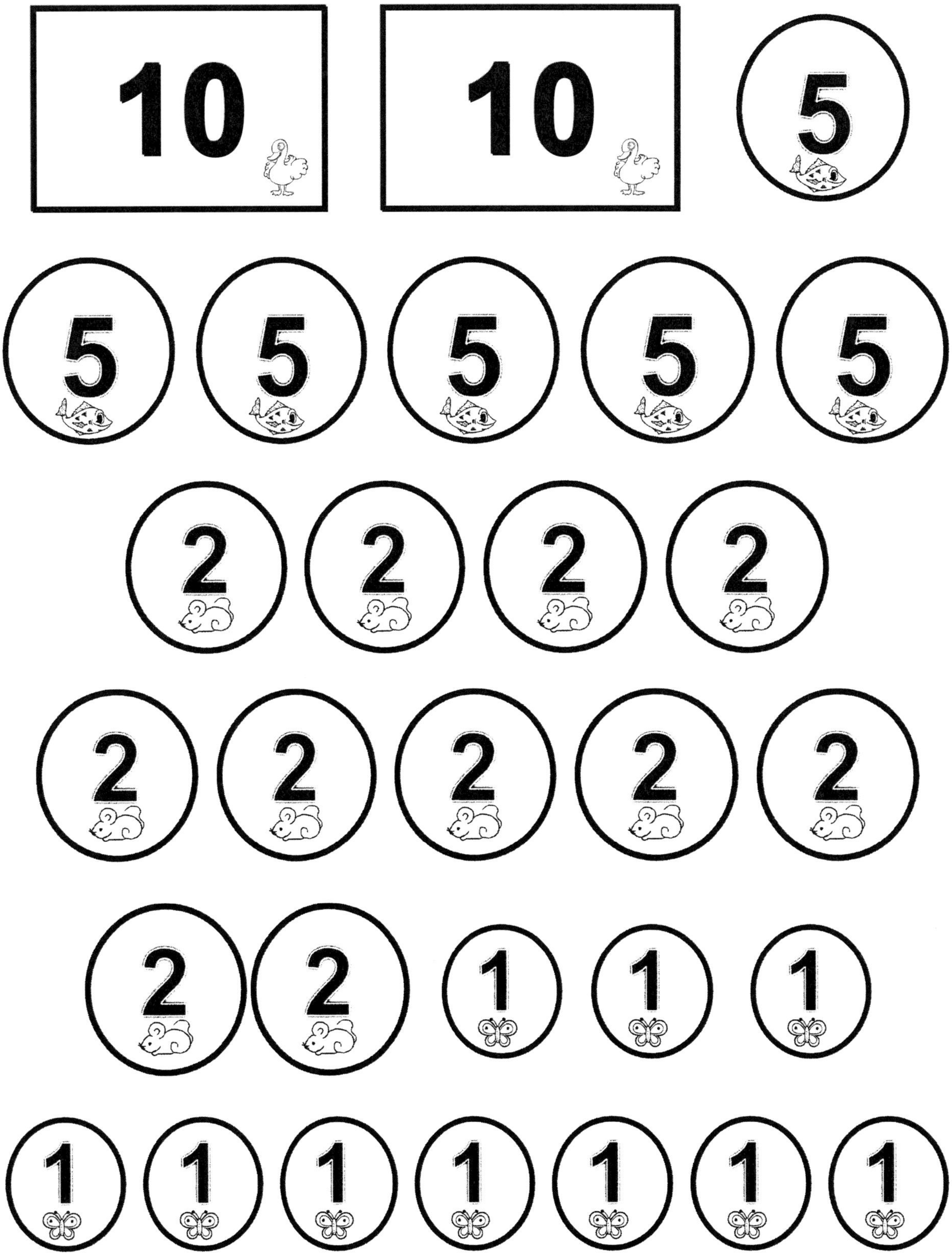

10 10 5

5 5 5 5 5

2 2 2 2

2 2 2 2 2

2 2 1 1 1

1 1 1 1 1 1 1

KOHL VERLAG – Verkleiden & Rollenspiele – In fremde Rollen schlüpfen – Bestell-Nr. 11 864

Brot und Brötchen, Obst und Gemüse

Salz-Mehlteig

Ihr braucht:

- 1 Tasse Salz,
- 2 Tassen Mehl,
- 2 Teelöffel Tapetenkleister
- etwa 1-1 ½ Tassen Wasser
- 1-2 Esslöffel Öl
- Deckfarben oder Acrylfarben, Pinsel und Lappen, Wassergefäß

So geht's:

- Aus Salz, Mehl, Wasser, Öl und dem Kleister einen Teig kneten.
- Evtl. noch ein wenig Wasser zugeben, wenn er zu fest ist, oder ein wenig Mehl, wenn er zu flüssig ist.
- Nun kann das Formen von Broten, Obst usw. beginnen. Aus dem Teig kleine runde Brötchen formen und mit einem Messer oben ein Kreuz eindrücken. Für ein Baguette eine Teigrolle rollen, etwas flachdrücken und mit dem Messer an mehreren Stellen einkerben. Für dunkles Brot oder Brezeln etwas Teig mit Kakao vermischen bis er dunkelbraun wird und daraus kleine Brezeln, Brot oder aus drei dünnen Teigrollen einen Zopf formen.
- Der Teig sollte gleich verarbeitet und gebacken werden, sonst werden die kleinen Backwaren rissig.
- Bei ca. 80°C backt man die Stücke mindestens eine Stunde. Je 5 mm Dicke rechnet man eine Stunde Backzeit, d.h. für ein 2 cm dickes Stück braucht man 4 Stunden Backzeit.
- Nach dem Abkühlen kann man die Stücke anmalen und danach lackieren.

Sandteig

Ihr braucht:

- Stärkemehl
- feinen Sand
- Tasse, Topf, Kochlöffel
- Deckfarben oder Acrylfarben, Pinsel und Lappen, Wassergefäß

So geht's:

- 1 Tasse Stärkemehl und 2 Tassen feinen Sand in den Topf geben und gut mischen.
- 1 Tasse Wasser dazu geben.
- Alle Zutaten vermengen.
- Nun die Masse bei mittlerer Hitze erwärmen und kräftig durchrühren, bis sie dick wird.
- Abkühlen lassen
- Jetzt kann die Sandmasse geformt werden. Gemüse, Obst, Brote, Brötchen, Kuchen – der Fantasie sind keine Grenzen gesetzt, ähnlich wie beim Töpfern.
- Die Teile sind nach einigen Tagen an der Luft getrocknet.
- Nun können sie nach Wunsch bemalt werden.

Verkleiden & Rollenspiele
In fremde Rollen schlüpfen .. – Bestell-Nr. 11 864

2 Erste Rollenspiele

Brot und Brötchen, Obst und Gemüse

Mit diesen selbst gebastelten Nahrungsmitteln muss auch nicht das gesamte Angebot des Supermarkts nachempfunden werden. Es reicht, wenn man z. B. Äpfel und Bananen, evtl. noch Birnen oder Mandarinen und einige Stücke Wassermelone hat. Wenn die Kinder aber besondere Wünsche haben, darf denen natürlich nachgegeben werden. Beim Gemüse bieten sich neben Kartoffeln Möhren, Gurken, Tomaten, Paprika, Blumenkohl und Kohlrabi an. Spargel oder Bohnen würden bald brechen und ein filigran gestalteter Salat würde das laufende Einkaufen auch nicht lange überstehen.

Manche Kinder verkleiden sich auch beim Kaufladenspiel gerne. So passt zur Marktfrau ein Kopftuch und eine Schürze, der Gemüsehändler trägt einen Kittel und ein Kappe, der Bäcker eine weiße Jacke und eine Bäckermütze... Bestimmt findet sich in der Verkleidungskiste etwas Passendes!

Spielzeug- und Buchladen

Auch ohne das „normale“ Kaufladenzubehör lässt sich ganz schnell ein Geschäft eröffnen: z. B. einen Spielzeugladen oder ein Buchgeschäft. Die Kinder können z. B. Stifte, Bilderbücher, Puppen, Teddys, Autos, Spiele oder Buntstifte verkaufen. Spielgeld und eine Kasse gehören aber auch hier dazu.

Im Garten, auf einer Wiese oder auf einem Spaziergang lässt sich dann noch ein Blumenladen eröffnen, wobei man die Pflanzen anschließend schon in einer Vase mit Wasser deponieren sollte...

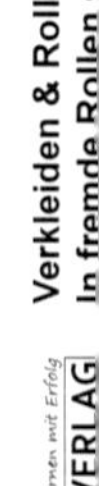

Im Dorf

Alle diese Spiele lassen sich in einem Dorf unterbringen: Dort gibt es Familien, Arzt, Schule, Kaufladen und vielleicht sogar eine Eisenbahn. Im Gruppenraum oder im Garten lassen sich die verschiedenen Bereiche gestalten. Dabei können alle Kinder einbezogen werden. Bunte Häuser aus großen Kartons, der Sandkasten – alles ist brauchbar und lässt sich umfunktionieren. Hier nochmal die Spielideen im Überblick:

Mutter, Vater, Kind machen ein Picknick.

Die Puppenmutter versorgt ihr Kind.

Der Kaufladen – die Bäckerei im Sandkasten.

In der Schule.

Die Reise geht los.

Einen Doktor braucht man überall!

Eine Spielidee für ältere Kinder: Im Dorf herrscht ein friedliches Leben. Bis dann eines Tages ein fremdes Kind mit dunkler Haut und einem schwarzen Lockenkopf auftaucht … Wie reagieren die Kinder?

Verkleiden & Rollenspiele
In fremde Rollen schlüpfen .. – Bestell-Nr. 11 864
KOHL VERLAG Lernen mit Erfolg

3 Singspiele – Märchenspiele

Singspiele

Jeder kennt aus seiner eigenen Kinderzeit Lieder, die im Kreis gesungen und mit Bewegungen begleitet wurden. Bekannt ist das Lied von den fleißigen Handwerkern und die Vogelhochzeit. Auch einige Märchen, wie z. B. Dornröschen oder Hänsel und Gretel, findet man als einfache Singspiele.

Der Vorteil dieser Spiele ist, dass sie im Kreis mit allen Kindern gleichzeitig gespielt und gesungen werden können. Dabei muss man weder Rollen zuteilen noch Kostüme anfertigen. Aber man kann natürlich ... mal in der Requisitenkiste kramen.

Die Spiele zeichnen sich durch einfache Melodien und Wiederholungen aus. So können Sie auch in einer altersgemischten Gruppe gespielt werden. Die kleineren Kinder haben so die Möglichkeit, in das Spiel hineinzuwachsen, während die Größeren auf Melodie und Bewegungen achten.

Bei der Rollenverteilung sollten Sie die Vorlieben und Abneigungen der Kinder berücksichtigen. Keiner sollte gezwungen werden, eine Rolle zu übernehmen. Nicht jedes Kind möchte eine Hexe oder eine böse Fee sein, und manche Kinder sind mit einer Statistenrolle glücklicher als mit einer Hauptrolle.

Kinder lieben Wiederholungen und Wohlbekanntes. So bieten sich Märchen, die die Kinder kennen, als Rollenspiele an. Sie können das Märchen über einen längeren Zeitraum mit den Kindern spielen und die Rollen dabei immer anders verteilen. So hat jedes Kind die Möglichkeit, in viele Rollen zu schlüpfen. So erlebt es das Märchen aus verschiedenen Blickwinkeln. Dornröschen haben wir zwei Wochen laufend gespielt, weil fast alle Mädchen einmal Dornröschen sein wollten.

Die Geschichten der hier aufgeführten Märchen finden Sie in jedem Märchenbuch und natürlich auch im Internet. Die alte Sprache ist vielleicht für kleinere Kinder ein wenig schwierig zu verstehen, doch die meisten Ereignisse erklären sich ja aus dem Inhalt. Sie können die Märchen natürlich auch in unserer heutigen Ausdrucksweise vorlesen. Oder die Rückfragen der Kleinen geduldig beantworten und ungewohnte Redewendungen erklären.

KOHL VERLAG Lernen mit Erfolg
Verkleiden & Rollenspiele

Fleißige Handwerker

- Die Kinder stellen sich im Kreis auf. Dieses altbekannte Lied kann einfach gesungen werden, wobei die Kinder die entsprechenden Bewegungen machen. Auch hier schauen die jüngeren Kinder wieder bei den älteren ab, wie und was sie zu tun haben. Zur letzten Strophe gehen dann alle Kinder im Kreis umher.
- Alternativ kann zu jeder Strophe der (oder die) passenden Handwerker in die Mitte treten und sein Werkzeug präsentieren. Zu jedem Reim ist ein Vorschlag abgebildet. Da es 8 verschiedene Handwerker gibt, werden mindestens 8 Akteure eingebunden.Der Schluss gestaltet sich wie oben: alle Kinder gehen in einer langen Reihe im Kreis umher.

1. Wer will fleißige Handwerker seh‘n,
Der muss mit uns Kindern geh‘n.
Stein auf Stein, Stein auf Stein,
Das Häuschen wird bald fertig sein.
Stein auf Stein, Stein auf Stein,
Das Häuschen wird bald fertig sein.

Stein

2. Wer will fleißige Handwerker seh‘n,
Der muss mit uns Kindern gehn.
O wie fein, o wie fein,
Der Glaser setzt die Scheiben ein.
O wie fein, o wie fein,
Der Glaser setzt die Scheiben ein.

Glas

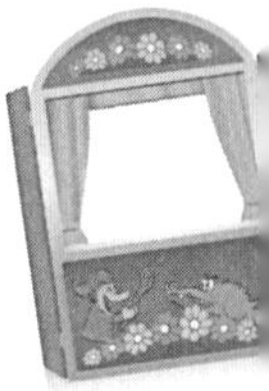

Fleißige Handwerker

3. Wer will fleißige Handwerker seh'n,
Der muss mit uns Kindern gehn.
Tauchet ein, tauchet ein,
Der Maler streicht die Wände fein.
Tauchet ein, tauchet ein,
Der Maler streicht die Wände fein.

Pinsel

4. Wer will fleißige Handwerker seh'n,
Der muss mit uns Kindern gehn.
Zisch, zisch, zisch, zisch, zisch, zisch,
Der Tischler hobelt glatt den Tisch.
Zisch, zisch, zisch, zisch, zisch, zisch,
Der Tischler hobelt glatt den Tisch.

Holzklotz

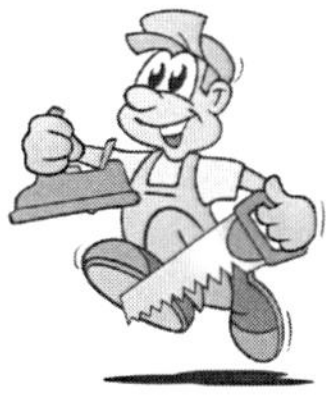

5. Wer will fleißige Handwerker seh'n,
Der muss mit uns Kindern gehn.
Poch poch poch, poch poch poch,
Der Schuster schustert zu das Loch.
Poch poch poch, poch poch poch,
Der Schuster schustert zu das Loch.

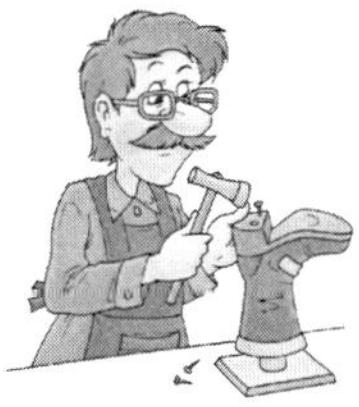

Schuh

6. Wer will fleißige Handwerker seh'n,
Der muss mit uns Kindern gehn.
Stich stich stich, stich stich stich,
Der Schneider näht das Kleid für mich.
Stich stich stich, stich stich stich,
Der Schneider näht das Kleid für mich.

Schere

7. Wer will fleißige Handwerker seh'n,
Der muss mit uns Kindern gehn.
Rühre ein, rühre ein,
Der Kuchen wird bald fertig sein.
Rühre ein, rühre ein,
Der Kuchen wird bald fertig sein.

Kochlöffel

8. Wer will fleißige Handwerker seh'n,
der muss mit uns Kindern geh'n.
Kehre fein, kehre fein,
der Feger kehrt den Schornstein rein.
Kehre fein, kehre fein,
der Feger kehrt den Schornstein rein.

Besen

9. Wer will fleißige Handwerker seh'n,
Der muss mit uns Kindern gehn.
Trapp trapp drein, trapp trapp drein,
Jetzt geh'n wir von der Arbeit heim.
Trapp trapp drein, trapp trapp drein,
Jetzt geh'n wir von der Arbeit heim.

KOHL VERLAG Verkleiden & Rollenspiele ■ Bestell-Nr. 11 864

Dornröschen

Bei diesem Tanzlied bilden alle Kinder einen Kreis. Ein Kind wird als Dornröschen gewählt, ein weiteres Kind spielt die böse Fee, eines die gute Fee und ein Junge den Königssohn. Das Dornröschen setzt sich in die Mitte des Kreises. Zu jeder Strophe werden verschiedene Tätigkeiten ausgeführt. Die Tätigkeiten finden Sie hinter der jeweiligen Strophe beschrieben.

Dornröschen	Trägt ein rosa oder weißes „Prinzessinnenkleid“ und eine Krone mit Rose
Gute Fee	Trägt ein helles Kleid und hat einen Zauberstab
Böse Fee	Trägt ein dunkles Kleid und besitzt einen Zauberstab
Königssohn	Hose, Stiefel, Hemd, Weste, Krone
Alle anderen Kinder	Bilden die Hecke. Es wäre schön, wenn alle einen grünen Umhang tragen würden. Doch wir haben uns auch mal mit grünen Müllbeuteln mit Griffen beholfen. Sie wurden unten aufgeschnitten und quasi als Hemden übergestülpt.

Dornröschen war ein schönes Kind,
schönes Kind, schönes Kind
Dornröschen war ein schönes Kind
schönes Kind

Dornröschen, nimm Dich ja in Acht
ja in acht, ja in acht
Dornröschen, nimm Dich ja in Acht
vor einer bösen Fee

Da kam die böse Fee herein
Fee herein, Fee herein
da kam die böse Fee herein
und rief ihr zu

Dornröschen schlafe hundert Jahr
hundert Jahr, hundert Jahr
Dornröschen schlafe hundert Jahr
und alle mit

Verkleiden & Rollenspiele
In fremde Rollen schlüpfen .. – Bestell-Nr. 11 864
KOHL VERLAG

3 Singspiele – Märchenspiele

Dornröschen

Und eine Hecke riesengroß
riesengroß, riesengroß
Und eine Hecke riesengroß
wuchs um das Schloss

Alle Kinder heben die Arme hoch, rücken näher zusammen und bilden eine große Hecke.

Da kam ein junger Königssohn
Königssohn, Königssohn
Da kam ein junger Königssohn
und sprach zu ihr

Der junge Königssohn durchdringt die Hecke, die Kinder gehen ein Stück auseinander.

Dornröschen holdes Mägdelein
Mägdelein, Mägdelein
Dornröschen holdes Mägdelein
nun wache auf

Die Kinder senken ihre Arme. Der Königssohn singt diese Strophe alleine.

Dornröschen wachte wieder auf
wieder auf, wieder auf
Der ganze Hofstaat wachte auf
wachte auf

Dornröschen erwacht und reckt und streckt sich.

Dornröschen ward nun Königin
Königin, Königin
beglückte hoch den Königssohn
beglückte ihn

Der Königssohn nimmt Dornröschen in den Arm.

Sie feierten ein großes Fest
großes Fest, großes Fest
Sie feierten ein großes Fest
das Hochzeitsfest

Dornröschen und der Königssohn tanzen in der Mitte, alle anderen tanzen im Kreis um das Paar herum.

Da jubelte das ganze Volk
ganze Volk, ganze Volk
das jubelte das ganze Volk
ganze Volk

Jedes Kind sucht sich jetzt einen Partner aus und alle tanzen.

KOHL VERLAG
Verkleiden & Rollenspiele

3 Singspiele – Märchenspiele

Rollenspiel zu „Hänsel und Gretel“

„Drehbücher“ gibt es zu den folgenden Märchen nicht. Die Kinder sollen keine langen Texte auswendig lernen, sondern sich in ihre Rolle hineindenken und fühlen.

Die meisten Kinder kennen dieses Märchen wahrscheinlich und können es erzählen. Sie dürfen sich eine Rolle aussuchen und diese frei spielen.

Verschiedene Szenen des Märchens können gespielt werden, z. B.:

- Hänsel und Gretel in ihrem armen Elternhaus
- Hänsel und Gretel allein im Wald
- Tagesablauf im Hexenhaus (es wird gekocht, gehext, ausgefegt, ...)
- Heimkehr von Hänsel und Gretel
- Lied singen – s. u.

Verkleidung und Requisiten: Die Hexe bekommt einen Hexenhut, einen Besen und einen dunklen Umhang. Darunter kann sie noch eine bunte Schürze tragen und vielleicht findet sich auch eine Stoffkatze, die sie sich auf die Schulter setzen kann. Das Gesicht kann dunkel geschminkt werden und mit Falten oder eine Spinne bemalt werden.
Hänsel und Gretel brauchen sich eigentlich nicht zu verkleiden. Aber da das Spaß macht, kann man vielleicht anstelle der Jeans einen Rock für Gretel und eine kurze Hose mit Kniestrümpfen und ein Hemd für den Hänsel in der Verkleidungskiste finden.
(Eine Bastelanleitung für Hexenhut und Hexenbesen finden Sie in Kapitel 5.)

Hu, hu, da schaut eine alte Hexe raus!
Lockte die Kinder ins Pfefferkuchenhaus.
Sie stellte sich gar freundlich, o Hänsel, welche Not!
Ihn wollt’ sie braten im Ofen braun wie Brot.

Doch als die Hexe zum Ofen schaut hinein,
Ward sie gestoßen von unserm Gretelein.
Die Hexe musste braten, die Kinder geh’n nach Haus.
Nun ist das Märchen von Hans und Gretel aus.

Verkleiden & Rollenspiele
In fremde Rollen schlüpfen .. – Bestell-Nr. 11 864

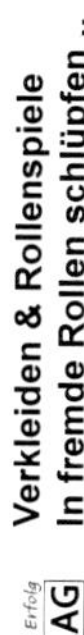

3 Singspiele – Märchenspiele

Das Hexenbesen-Spiel

Glaubt ihr, dass Hexen den ganzen Tag nur hexen, zaubern und Kräuter sammeln? Nein, eine richtige Hexe möchte auch Spaß haben. Deswegen liebt sie große Hexentreffen. Dort wird der neueste Hexenklatsch erzählt, Zauber-Rezepte ausgetauscht und getanzt.
Und wenn nun alle Hexen verkleideet und geschminkt sind und ein Hexenbesen zu Verfügung steht, geht es auf zum Hexentanz!

Am Hexenbesen-Spiel nehmen alle Hexen teil. Sobald die Musik ertönt, tanzen die Hexen vergnügt im Kreis herum. Ein Besen wird dabei von einer Hexe zur anderen gereicht. Wer den Besen gerade in der Hand hält, wenn die Musik aussetzt, der fliegt – und zwar ohne Besen – aus dem Spiel. Und wer am Ende allein mit dem Besen tanzt, bekommt den Ehrentitel: Beste Besentanz-Hexe!
Natürlich kann das Spiel auch für Zauberer eingesetzt werden, sie nehmen anstelle ihres Besens einfach einen Zauberstab!

Und noch ein fröhliches Spiel für kleine Hexen:

Ich bin die kleine Hexe – Spielweise:

Alle Kinder fassen sich an den Händen und gehen im Kreis herum. Ein Kind hat sich einen Besen zwischen die Beine geklemmt und „reitet“ gegen die Tanzrichtung in der Mitte des Kreises.
Bei „Ich bin die kleine Hexe und habe ... Schuh“, nennt es die Farbe von den Schuhen, die es trägt.
Hey, hop-hop-hop wird von allen Kindern gesungen und dabei geklatscht.
Das Kind in der Mitte tanzt dabei mit dem Besen im Kreis herum.
Wenn das Lied endet, gibt die Hexe den Besen an ein anderes Kind, das Lied beginnt von vorn.

mündlich überliefert

Verkleiden & Rollenspiele
Bestell-Nr. 11 864
KOHL VERLAG

Hexentreffen am Blocksberg

Das Thema Hexen macht Mädchen und Jungen gleichermaßen riesigen Spaß. Sie verkleiden sich und werden so in der Fantasie groß, stark und mächtig. Sie lernen Zaubersprüche und erfinden sogar selbst welche. Am liebsten stehen alle Hexen und Zauberer auf der guten Seite. Heute sind Harry Potter, Bibi Blocksberg und die kleine Hexe mit ihrem Raben Abraxas die angesagten Stars.
Aus Pappe und Fotokarton oder aus echten Hölzern und Papierstreifen oder gelben und roten Tüchern wird auf dem Fußboden oder im Garten ein Feuer gestaltet. Die Kinder verkleiden sich als Hexen und tanzen um das Feuer. Anschließend werden Hexengeschichten erzählt.

Stellt Euch vor, wir wären im Spiel jetzt mal ... Dieser Satz bringt die Fantasie und Vorstellungskraft der Kinder zum Einsatz. Schon sind sie mittendrin im Spiel rund ums Hexenhäuschen.
Wem haben die Hexen Streiche gespielt? Was haben sie Gutes getan? Wer kennt die besten Hexensprüche? Wer kocht die beste Hexensuppe?

Hexensprüche

Kleine Hexen brauchen Zaubersprüche. Ganz klare Sache. Und wer kennt sie nicht, die berühmten Worte oder Sprüche Simsalabim, Abrakadabra und Hokuspokus Fidibus, drei Mal schwarzer Kater! Seit Harry Potter gibt es natürlich in diesem Bereich jede Menge neue Sprüche und Zauberwörter. Aber die besten Zaubersprüche sind eigentlich immer jene, die man sich selber ausdenkt. Was fällt also den kleine Hexen und Zauberern alles ein?

Und zum Schluss: Die Hexensuppe (Möhren-Katoffel-Kräutersuppe)

Natürlich müssen die Hexen die Kräuter und das Gemüse vorbereiten...

***Ihr braucht*:**

- 1 kg Kartoffeln
- 500 g Möhren
- 1 Liter Brühe
- 1 Becher Schmand,
- Pfeffer, Salz und Maggi
- nach Geschmack in Scheiben geschnittene Brühwürstchen
- frische Kräuter (Petersilie, *Schnittlauch)*

***So geht's*:**

- Möhren und Kartoffeln schälen und würfeln.
- In einem großen Topf mit der Brühe aufsetzen.
- Bei geschlossenem Deckel etwa 15 Minuten leicht kochen lassen.
- Die Suppe pürieren und den Schmand zufügen.
- Würstchen in Scheiben schneiden, zugeben.
- Kräuter fein hacken, unterrühren.
- Mit Salz, Pfeffer und Maggi abschmecken.

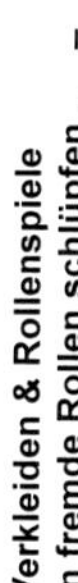

3 Singspiele – Märchenspiele

Die Bremer Stadtmusikanten

Die Masken für Esel, Hund, Katze und Hahn finden sich auf der nächsten Seite, dafür braucht man 4 Kinder. 3 weitere sollen die Räuber darstellen. Die übrigen Kinder fungieren als Bäume oder Wald.

Die Strophen 1-5, also das Kennenlernen und die Wanderung der Tiere kann man gut im Garten spielen, die letzten beiden Strophen laufen dann im Gruppenraum ab. Lesen oder singen sie das Gedicht vor, die Kinder spielen dazu.

Ein Esel zog los, ganz allein
er wollte gern in Bremen sein
Stadtmusikant, das war sein Ziel
das wollte er ganz viel

> Der Esel läuft durch den Garten

Er traf dann kurz drauf einen Hund
der war nicht mehr so ganz gesund
doch der ging mit dem Esel mit
und war nun plötzlich wieder fit

> Der Esel trifft den Hund, Gespräch

Die zwei trafen auf eine Katze
Die hob traurig ihre Tatze
die Katze zog weiter mit den beiden
alle mochten sich gut leiden.

> Die beiden treffen eine Katze, Unterhaltung

Ein wenig später sahen sie einen Hahn
der kreuzte einfach ihre Bahn
er sollte in den Suppentopf – welch Schreck!
nun zog er mit den dreien weg.

> Zuletzt treffen die drei den Hahn - Gespräch

Am Abend saßen sie um einen Baum
und hatten alle einen Traum
etwas zu fressen und ein Haus
ein Licht – das sah doch ganz gut aus!

> Alle erzählen ihre Wünsche, der Hahn entdeckt ein Licht

Die vier kamen zum Haus
und blickten erstmal durch ein Fenster
dort saßen 3 Räuber und 'ne Maus
die dachten, sie sähen Gespenster.

> Die vier machen sich auf und blicken durch das Fenster

Esel, Hund, Katze und Hahn
sprangen durch das Fenster dann
trieben schnell die Räuber fort
und lebten nun in Freuden dort.

> Drei Räuber sitzen am Tisch. Die Tiere springen durch die (offene!) Tür. Die Räuber hauen ab.

Verkleiden & Rollenspiele
Bestell-Nr. 11 864
KOHL VERLAG

Die Bremer Stadtmusikanten

Diese Masken werden vergrößert auf weiße Pappe kopiert oder auch abgezeichnet. Die Kinder malen sie bunt aus. An den Markierungen rechts und links wird ein Stück Gummiband befestigt, sodass die Tierköpfe für alle Kinder einsetzbar sind. Die Ohren des Hundes werden an den geknickten Linien nach vorne gebogen. So müssen sie allerdings auch von der Rückseite bunt bemalt werden.

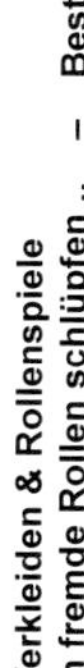
Verkleiden & Rollenspiele
In fremde Rollen schlüpfen .. – Bestell-Nr. 11 864

3 Singspiele – Märchenspiele

Schneewittchen als Rollenspiel

Hier ein „Theaterstück“, was ein wenig mehr Vorbereitung verlangt. Man kann aber auch nur einzelne Szenen daraus spielen und den Kindern das ganze Märchen vorlesen.

Personen	Requisiten	Kulissen
Königin Schneewittchen Prinz 7 Zwerge	Spiegel, Apfel, Korb, 7 Teller, Becher, Stühle, Zwergenmützen, Laterne, schönes Kleid für Schneewittchen, Krone für Schneewittchen und den Prinzen, alte Kleider für die Königin (Kronen und Mützen s. Kap. 5)	Zimmer der Königin mit Spiegel Wald mit dem Zwergenhaus Im Zwergenhaus

Szene 1. Das Zimmer der Königin – an der Wand hängt ein großer Spiegel.

Königin: *Spieglein, Spieglein an der Wand, wer ist die Schönste im ganzen Land?*

Spiegel: *Frau Königin, Ihr wart die Schönste hier. Aber Schneewittchen ist tausendmal schöner als Ihr.*

Königin: *(fahrt auf) Was hör ich? Schneewittchen schöner?*

Königin: *Hm, (nachdenklich. Geht unruhig auf und ab und besieht sich im Spiegel.) Ich werde Schneewittchen töten lassen.*

Szene 2. Im Wald. Schneewittchen und der Jäger gehen durch den Wald.

Jäger: *Ich soll dich töten. Aber das kann ich nicht. Lauf schnell weg!*

Schneewittchen ist entsetzt und läuft davon. Sie sieht das Zwergenhaus und tritt ein.

Szene 3. Im Zwergenhaus. Schneewittchen schläft. Die sieben Zwerge kommen herein. Jeder hat eine Laterne oder ein Werkzeug in der Hand.

1. Zwerg: *(Als sie alle in der Mitte stehen.) Was ist hier los?*

2. Zwerg: *(Geht an den Tisch) Wer hat auf meinem Stuhl gesessen?*

3. Zwerg: *(Geht auch an den Tisch) Wer hat von meinem Teller gegessen?*

4. Zwerg: *(Geht auch an den Tisch) Wer hat von meinem Brot genommen?*

5. Zwerg: *Wer hat von meinem Gemüse gegessen?*

6. Zwerg: *Wer hat aus meinem Becherchen getrunken?*

Alle sehen sich verwundert an.

...

Verkleiden & Rollenspiele
KOHL VERLAG

Schneewittchen als Rollenspiel

Szene 3. Fortsetzung

7. Zwerg: *(Sieht Schneewittchen schlafen.) Kommt alle her. (Alle kommen und schauen Schneewittchen ins Gesicht.)*

5. Zwerg: *Ei, wie schön. Weckt sie nicht auf. (Hält den Finger an den Mund.)*

2. Zwerg: *Sie soll bei uns bleiben.*

Doch Schneewittchen wacht auf, sieht sich um und sieht die Zwerge.

Schneewittchen: *Ach, wo bin ich? – Wer seid Ihr?*

3. Zwerg: *Wir sind die sieben Zwerge.*

4. Zwerg: *Wir sind deine Freunde.*

5. Zwerg: *Wer bist du?*

Schneewittchen: *Ich bin Schneewittchen.*

6. Zwerg; *Wie bist du hierher gekommen?*

Schneewittchen: *Meine böse Stiefmutter wollte mich töten lassen, da bin ich fortgelaufen. Nun bin ich hier.*

7. Zwerg: *Bleibst du hier bei uns?*

Schneewittchen: *Ja, gerne. Ich will für euch kochen, waschen und nähen.*

Alle freuen sich.

Szene 4. Das Zimmer der Königin. Die Königin ist im Zimmer. Sie schaut in ihren Spiegel.

Königin: *Spieglein, Spieglein an der Wand, Wer ist die Schönste im ganzen Land?*

Spiegel: *Frau Königin, Ihr seid die Schönste hier, aber Schneewittchen hinter den Bergen, bei den sieben Zwergen ist noch tausendmal schöner als Ihr!*

Königin: *Was! – Immer noch! Nun will ich sie aber töten! Ich bringe ihr einen vergifteten Apfel.*

Sie zieht alte Kleider an und holt einen Korb mit Äpfeln.

Szene 5. Im Zwergenhaus

Schneewittchen sitzt am Tisch und näht. Die Zwerge kommen herein.

2. Zwerg: *Auf Wiedersehen, Schneewittchen. Aber pass heute gut auf.*

6. Zwerg: *Ja du darfst niemand hereinlassen.*

...

Verkleiden & Rollenspiele
In fremde Rollen schlüpfen .. – Bestell-Nr. 11 864

Schneewittchen als Rollenspiel

Szene 5. Fortsetzung

Schneewittchen: *Nein, nein, habt keine Angst. Auf Wiedersehen alle.*

Alle Zwerge: *Auf Wiedersehen! (alle gehen, Schneewittchen näht)*

Königin: *(hinter der Bühne) Schöne Äpfel, schöne Äpfel! (kommt an die Tür) Guten Tag, willst du Äpfel kaufen? (sie will hereinkommen)*

Schneewittchen: *(steht auf und schiebt sie zurück) Nein, nein, niemand darf hereinkommen.*

Königin: *(Zeigt ihr einen Apfel) Hier, nimm diesen roten Apfel.*

Schneewittchen: *Nein, ich darf nicht.*

Königin: *(hält ihr den Apfel hin) Er ist sehr gut und süß.*

Schneewittchen: *Ja, wie schön sieht er aus. (nimmt den Apfel und beißt hinein.) Aber, – aber, – ich fühle mich so --- (sinkt auf den Boden)*

Königin: *(laut lachend) Ha, ha, ha, nun ist sie endlich tot. (geht ab.)*

Szene 6. Im Zwergenhaus – später.

Es ist Abend, Schneewittchen liegt am Boden. Die Zwerge kommen herein.

3. Zwerg: *Kein Licht am Fenster.*

4. Zwerg: *Kein Schneewittchen.*

1. Zwerg: *(beleuchtet Schneewittchen am Boden.) Schaut her.*

7. Zwerg: *Schneewittchen ist tot.*

Alle Zwerge: *Armes Schneewittchen. (Sie stehen herum und weinen.)*

Da kommt ein Prinz vorbei und hört das Weinen. Er tritt ins Zwergenhaus.

Prinz: *Was ist denn hier los? Wer ist gestorben?*

2. Zwerg: *Schneewittchen ist von ihrer bösen Stiefmutter vergiftet worden.*

Prinz: *(tritt vor und schaut Schneewittchen an.) O wie ist sie schön!*

(Alle Zwerge heben Schneewittchen hoch, dabei stolpert einer und Schneewittchen erwacht.)

Prinz: *Sie macht die Augen auf. Sie ist nicht tot.*

Schneewittchen: *(setzt sich verschlafen hoch.) Aber...was ist mir geschehen?...der Apfel...(sie steht auf.)*

Prinz: *(nimmt sie bei der Hand) Komm mit mir in mein Königreich.*

Alle fassen sich bei den Händen und tanzen im Kreis.

KOHL VERLAG Lernen mit Erfolg – Verkleiden & Rollenspiele – In fremde Rollen schlüpfen – Bestell-Nr. 11 864

4 Kasperle-Theater

Das Kasperle

Gut geeignet für Rollenspiele ist ein Kasperletheater mit den entsprechenden Handpuppen. Zum Kasperletheater gehören der Kasper, Gretel, die Großmutter, der böse Räuber, der König und die Prinzessin, Seppl, der Polizist und das Krokodil.

Die Charaktere, die es hier gibt, sind eindeutig als „gut“ oder „böse“ einzuordnen und stellen ideale Identifikationsfiguren dar, etwa die schöne Prinzessin, der gemeine Räuber, das böse Krokodil oder die liebe Großmutter. Die Kinder wissen gleich, wo sie wen einzuordnen haben und was sie von den einzelnen Figuren zu erwarten haben.

Tritratrullalla der Kasper, der ist wieder da!

Auf die Frage „Seid ihr alle da?“ wird der Kasper mit einem begeistertem „Jaaaaa“ begrüßt. Es ist ratsam, ein oder zwei größere Kinder im Publikum zu haben, die, wenn nötig, die richtigen Antworten geben. Kasperle-Theater-Anfänger schauen häufig stumm zu und trauen sich nicht etwas zu sagen.

Aber die Kinder wollen ja nicht nur zuschauen, sie wollen auch selber agieren. Dazu brauchen sie nur jeder eine Handpuppe, z. B. den Kasper und die Prinzessin, um einen Dialog zu entwickeln. Kinder können mit ein paar Figuren, zwei Stühlen und einer Wolldecke schon kleine Kasperle-Theater-Stücke spielen.

Kasperle-Theater basteln

So entsteht ganz schnell einfaches Kasperle-Theater:

Ihr braucht:

- *2 Stühle oder einen kleinen Tisch*
- *einen großen flachen Karton*
- *eine Gardinenstange*
- *2 Bistrogardinen in rot oder ...*
- *2 Powerstrips Gardinenhaken*
- *doppeltes Klebeband*

So geht's:

- Schneidet in eine Seite des Kartons ein großes Fenster.
- Klappt die Seitenlaschen nach unten und bemalt sie.
- Bringt am oberen Rand die Gardinenstange mit den Gardinen an.
- Stellt den Karton auf 2 Stühle oder einen kleinen Tisch.
- Am besten ist es, das Kasperle-Theater mit doppeltem Klebeband festzukleben.

4 Kasperle-Theater

Kasperle-Geschichten

Der Räuber

Die Handpuppen und die Requisiten:

Kasper	Räuber	Prinzessin – Kette
Prinz – Goldstück	Seppl – Schatzkarte	Oma – Wäscheleien

Die Geschichte:

Die Prinzessin zeigt dem Kasper eine schöne Kette (die Kette muss abnehmbar sein), Kasper bewundert sie und geht ab.
Dann kommt der böse Räuber und nimmt der Prinzessin die Kette weg. Sie ist ganz traurig. Nacheinander treten die anderen Figuren auf. Der Räuber bestielt sie alle. Zum Schluss klaut der Räuber der Oma ihre neue Wäscheleine. Doch in der verheddert er sich und fällt hin. Alle Dinge, die er gestohlen hat, trägt er bei sich. Kasper fängt den verhedderten Räuber und gibt allen ihre Schätze wieder.

Die entführte Prinzessin

Die Handpuppen:

Kasper	Prinzessin
Räuber	Polizist

Die Geschichte:
Die Prinzessin trifft auf den Räuber. Der behauptet, ein König zu sein und lockt die Prinzessin in seine Höhle.
Dort hält er sie gefangen.
Der Kasper kommt, und mit Hilfe der Hinweise der Kinder fängt er den Räuber.
Ein Kind wird gebeten, dem Räuber die Hände zusammenzubinden (Es sollte ein Kind sein, das schon einen Knoten machen kann).
Dann übergibt Kasper den Räuber dem Polizisten.
Nun wird die Prinzessin aus der Höhle geholt und muss versprechen, nicht wieder mit Fremden mitzugehen. (Je nach Situation kann man nun den Kindern dieses Versprechen auch abnehmen).

Weitere Ideen:

Das Melonenfest

Der Kasperl hat eine schöne, dicke, grüne Melone für das große Melonenfest gefunden. Doch die Hexe oder jemand anderer zaubert die Melone lebendig und so kann sie weglaufen. Nur mit großer Anstrengung kann die Melone gefunden werden.

Das hungrige Krokodil

Die Prinzessin sitzt am Brunnen und schaut ins Wasser. Da taucht das Krokodil auf. Es will sie fressen. Nun erscheint der Kasper mit einem Knüppel und haut dem Krokodil eins auf die Nase. Das schreit laut „Au!“ und verschwindet im Brunnen.

Verkleiden & Rollenspiele
KOHL VERLAG

4 Kasperle-Theater

Kasperle-Theater mit Puppen spielen

Es gibt ein paar einfache Bewegungen, die ihr beim Kasperle-Spielen beherrschen solltet:

Haltung: Am besten haltet ihr die Puppe, wenn ihr mit dem Zeigefinger den Kopf bewegt, den Daumen in den einen Arm und den Mittelfinger in den anderen Arm der Puppe steckt.

Und so kann Kasperle winken: Am einfachsten geht es mit dem Mittelfinger. Du hast es geschafft, wenn du mit der Hand der Puppe schnell winken kannst, ohne mit der ganzen restlichen Puppe zu wackeln.

Auch wichtig ist das Halten von Gegenständen. Mit der freien Hand gibst du der Puppe den Gegenstand und hältst und bewegst ihn. Einfache Übungen sind Münzen in eine Tasse werfen, Gegenstände zwischen zwei Puppen übergeben oder mit einem Knüppel das Krokodil zu vertreiben.

Kopfschütteln: Das Kasperle ist oft besorgt, weil all die anderen alles falsch verstehen, oder der Räuber wieder Omas Geldbeutel gestohlen hat. Dann nimmt er seinen Kopf in die Hände und schüttelt den Kopf. Am einfachsten ist es, die ganze Figur leicht zu drehen.

Ein kleines Spiel mit dem Kasper

Guten Tag meine Damen und Herren,
Habt ihr auch alle den Kasper so gern?
Ich tanze hin, ich tanze her,
ich tanze kreuz, ich tanze quer
Gleich ruf ich mir den Seppel her.
„Seppel“
Wir schlagen uns und wir vertragen uns
Wir spielen manchen lustigen Streich
Bis gleich
Da kommt der Räuber Knickebein
Kasper du sollst mein Geselle sein
Nein, nein Räuber da wird nichts draus,
ab mit dir ins Räuberhaus
Da kommt das große Krokodil
Das hat den Kasper fast verschluckt
Der zuckt und ruckt und ei der daus
Da kommt der Kasper wieder raus
Jetzt ruf ich mir mein Gretelein
Gretel, wollen wir lustig sein?
Tri tra trullala, der Kasper, der ist wieder da!
Kasper und Gretel tanzen.

Wie das geht:

Ein Kind spielt den Kasper, je ein anderes den Seppl, den Räuber, das Krokodil und die Gretel. Wenn nicht so viele Akteure zur Verfügung stehen, können die Rollen, bis auf den Kasper, auch von ein oder zwei Kindern abwechselnd übernommen werden.
Mit diesen Figuren einfach die Angaben im Text nachahmen, viel Spaß!

Verkleiden & Rollenspiele
In fremde Rollen schlüpfen .. – Bestell-Nr. 11 864

4 Kasperle-Theater

Basteln einer Theaterbühne für Fingerpuppen

Ihr braucht:

- *einen Karton mit Deckel*
- *Schere oder Cuttermesser*
- *Kleber*
- *Acrylfrabe in Grün- und Brauntönen*
- *Bleistift*

So geht's:

- Auf den Boden des Kartons wird ein Wald als Hintergrund gezeichnet. Größere Bäume müssen entweder an der Seitenwand oder an der „Decke" befestigt Anschluss haben, da sie sonst abknicken. Es muss trotzdem noch genug Platz bleiben, um im Zwischenraum mit den Fingerpuppen spielen zu können.
- In den Deckel des Schuhkartons wird nun eine flache Wiese gezeichnet, da man sonst die Fingerpuppen beim Spielen nicht mehr sehen kann.
- Nun werden beide Landschaften ausgeschnitten.
- Anschließend werden die Bäume und die Wiese mit verschiedenen Braun- und Grüntönen angemalt. In die Wiese können noch bunte Blumen, Käfer o. ä. eingefügt werden.
- Der Deckel wird auf dem Karton festgeklebt.

Es gibt hier 2 Vorschläge für eine Kulisse:

die Waldlandschaft und eine kleine Stadt. Da können natürlich auch noch (auf dem Deckel) ein paar Autos entlang fahren oder eine Laterne stehen.

Weitere Themen kann man leicht weiter gestalten: z. B. ein Märchenschloss, eine Küche, einen Bauernhof, einen Zoo ...

Verkleiden & Rollenspiele – In fremde Rollen schlüpfen – Bestell-Nr. 11 864
KOHL VERLAG

Kulisse Waldlandschaft

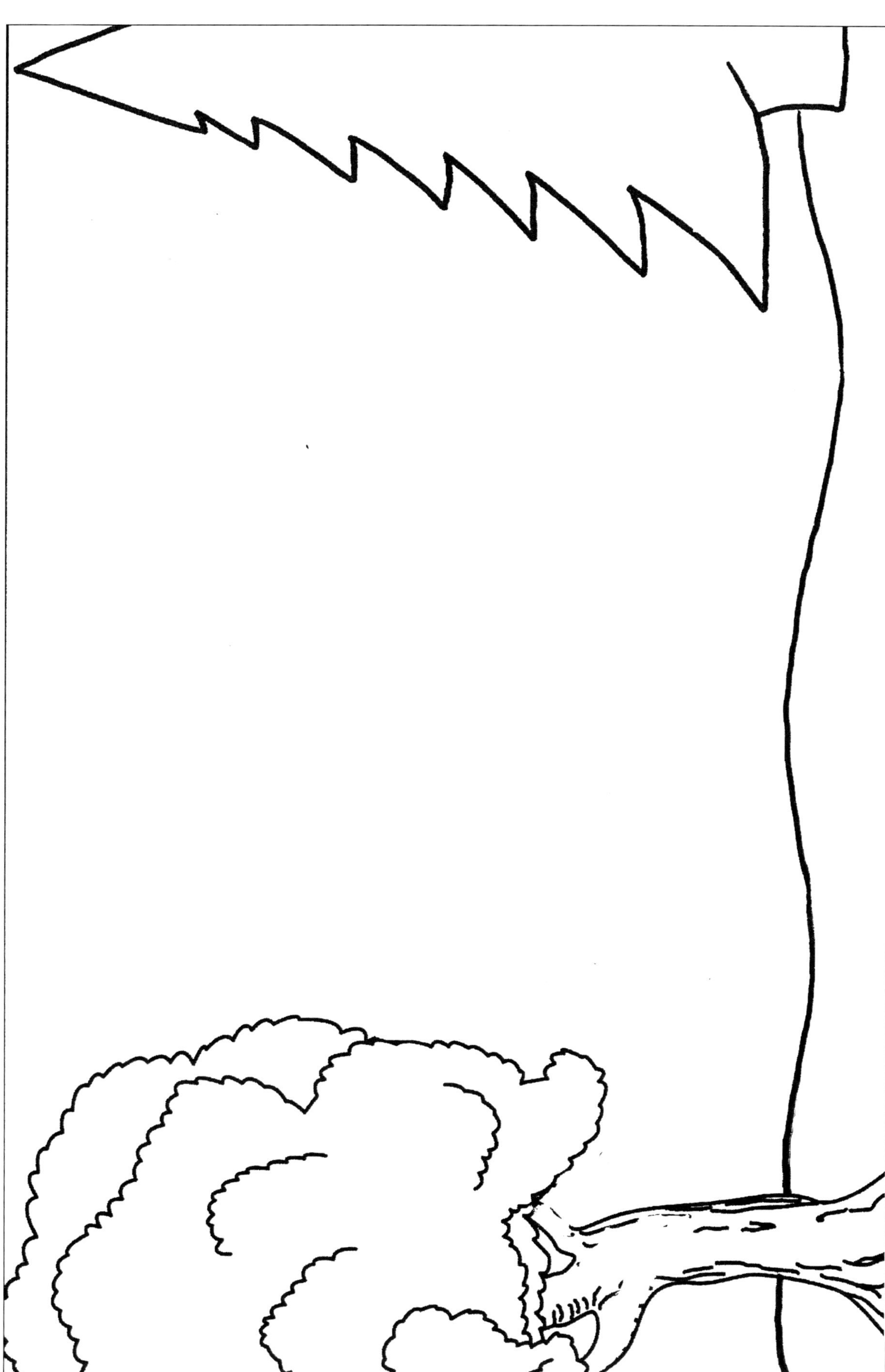

Verkleiden & Rollenspiele
In fremde Rollen schlüpfen .. – Bestell-Nr. 11 864
KOHL VERLAG Lernen mit Erfolg

4 Kasperle-Theater

Kulisse kleine Stadt

KOHL VERLAG Lernen mit Erfolg
Verkleiden & Rollenspiele
In fremde Rollen schlüpfen ■ Bestell-Nr. 11 864

Kasperle-Theater

Fingerpuppen aus Pappe

Die Püppchen müssen einfach nur auf weiße Pappe kopiert werden. Dann malen die Kinder sie bunt an. Evtl. werden sie laminiert und nachfolgend grob ausgeschnitten. Je nach Fingerdicke kann man die Streifen anpassen und zusammenkleben. Für weitere Figuren gibt es noch freie Plätze.

Verkleiden & Rollenspiele
In fremde Rollen schlüpfen .. – Bestell-Nr. 11 864
KOHL VERLAG Lernen mit Erfolg

4 Kasperle-Theater

Fingerpuppen aus Filz

Ihr braucht:

- *Bleistift*
- *Schere*
- *Bastelkleber*
- *Filz in verschiedenen Farben*
- *Filzstifte für das Gesicht*
- *ein wenig Watte für den Bart*

So geht's:

- Zeichne die Grundform 2mal auf hellblauen Filz und schneide sie aus.
- Schneide einen Kreis für das Gesicht aus hautfarbenem Filz.
- Die Hose schneidest du aus braunem, die Jacke aus grünem Filz aus.
- Als letztes schneidest du aus rotem Filz die Mütze aus.
- An den Kanten der Grundform trägst du nun Kleber auf, aber wirklich nur an den Rändern! Klebe die Grundformen – den Körper zusammen. Natürlich können die beiden Teile auch zusammengenäht werden.
- Auf das Gesicht malst du Augen und Mund und klebst es auf den Körper.
- Jetzt bekommt der Zwerg erst seine Hose und dann seine Jacke an – beides aufkleben.
- Anschließend die Mütze aufkleben.
- Nun noch einen kleinen Bart aus Watte – und fertig ist der Wicht.
- Zwerge passen zu vielen Märchen, für Schneewittchen braucht ihr aber 7 Stück davon!
- Nach dieser Anleitung lassen sich ganz leicht weitere Figuren gestalten. Die Grundform und das Gesicht bleiben immer gleich, nur die Kleidung und die Frisur variieren.

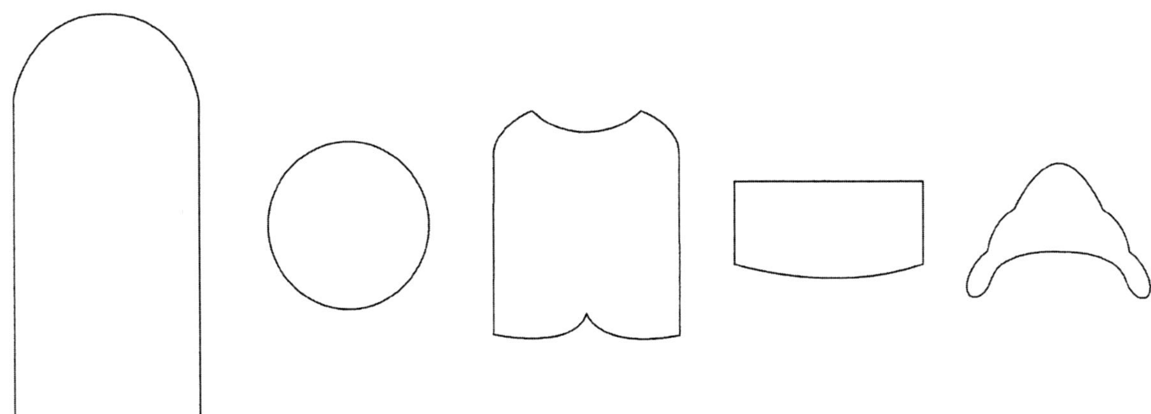

Hier gibt es noch Vorschläge, wie man auf diese Art und Weise verschiedene Tiere basteln kann. Die können das Fingerpuppenspiel gut ergänzen.

5 Die Verkleidungskiste

Was Kinder alles brauchen können

Ein wichtiger Bestandteil für Rollenspiele im Kindergarten ist eine Kiste mit ausrangierten Kleidungsstücken: Hüte, die ehemalige Spitzengardine, Opas Hosenträger …

Schon kann es losgehen mit der Maskerade zu den unterschiedlichsten Rollen. Eine Handtasche, Mutters alte Pumps, ein Brillengestell, ein Kissen unterm Blümchenkleid, eine Handtasche und ein schicker Hut: fertig ist die alte Dame. Oder Vaters weißes Hemd mit Weste, ein aufgemalter Schnurrbart, eine Krawatte oder Fliege – der Kavalier kann losziehen.

Gut ist alles, was möglichst unterschiedlich genutzt werden kann: Nachthemden, Blusen, Unterkleider, ein alter Frisier-Umhang, viele bunte Tücher, ausrangierte Brillengestelle etc. Immer willkommen und sehr wandelbar sind auch Kartons in allen Größen, Kissen und Decken – je mehr, umso besser!

Insgesamt gilt: Je weniger Teile eine feste Funktion haben, desto wertvoller und förderlicher sind sie für die kindliche Entwicklung. Vorgefertigtes lässt die Fantasie der Kinder nicht zur Entfaltung kommen. Obwohl es kein Vergehen ist, in der Verkleidungskiste eventuell auch einige Kostüme samt Zubehör (als Prinzessin, Ritter, Hexe, Cowboy, Burgfräulein, Pirat) zu haben, sind die Kinder meist begeistert bei der Sache, wenn sie ihre Maskerade selbst zusammenstellen können.

Tipp: Sinnvoll ist eine Zickzack-Schere, um lange Kleidungsstücke ein wenig zu kürzen. Der Spaß bleibt auf der Strecke, wenn die Kleinen über lange Röcke und Hosenbeine stolpern. Und wahrscheinlich haben Sie keine Lust, alles ordentlich zu säumen… Auch High Heels mögen die Kinder sicher faszinieren, bergen aber schon ein gewisses Unfallrisiko – also Achtung.

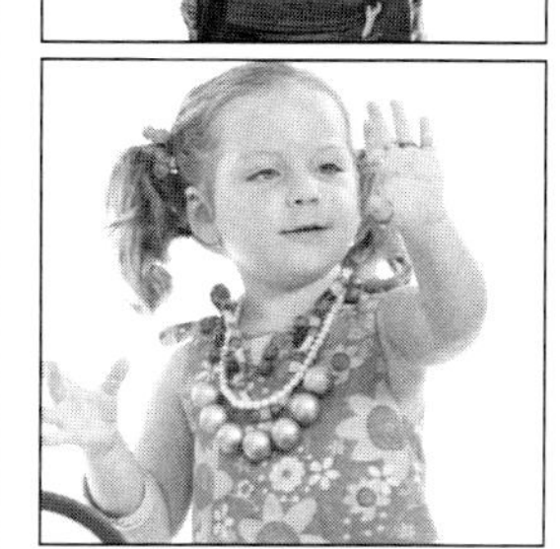

5 Die Verkleidungskiste

Vorschläge

Kleidung:

Hemden, Blusen, Jacken, Westen, Anzüge, Kleider, Schürzen, Umhänge, Nachthemden, Schuhe, Stiefel, Pumps, Pantoffeln.

Requisiten:

Kissen, Kochlöffel, Holzstäbe, Puppenwagen, Puppengeschirr, Töpfe, Telefon, Handy, Taschen, Beutel, Handtaschen, Körbe, kleiner Koffer, Hüte, Perücken, Helme, Mützen, Lockenwickler, Bauhelm, Spangen, Haarreifen, Brillengestelle, Sonnenbrillen, Augenklappe, Fotoapparat, alte Laterne, Modeschmuck-Ketten, Armbänder, Armreifen, Ohrringe mit Clipverschluss, Hosenträger, Krawatten, Fliege, Handschuhe, Gürtel, Schals, Tücher.

Waffen sollte man eigentlich nicht zum Spielen benutzen, doch was wäre der Cowboy ohne Colt und der Ritter ohne Schwert?

Das kann man für die Kulissen brauchen:

Polster, Kissen, Betttücher, Bettbezüge, Stoffe – alles vielseitig verwendbar. Ideal sind zwei Ständer, aus denen man verschiedene Szenarien bauen kann, wie eine Höhle, eine Küche, eine Arztpraxis usw.

Wer trägt was? Vorschläge

Prinzessin	Alte Spitzengardine, Krone, Schmuck
Pirat	Augenklappe, Hut, Schärpe
Doktor	Weißer Kittel, Stethoskop
Cowboy	Stiefel, Weste, kariertes Hemd, Colt
Indianer	Kopfschmuck mit Federn, Lederhose, Pfeil und Bogen
Hexe	Dunkler Umhang, Hut, Besen, Schürze
Marktfrau	Kopftuch, bunte Schürze
König	Krone, roten Umhang
Zwerge	Stiefel, Jacke oder Weste, Gürtel, Schaufel, Laterne
Oma	Graue Perücke, weiße Bluse, Rock, Brille, Handtasche
Opa	Kappe oder Hut, Hosenträger
Dame	Hohe Schuhe, Schmuck, Handtasche, Hut
Ritter	Kapuzenshirt, Holzschwert
Mann	Hose, Hemd, Krawatte, Jackett, Aktentasche

KOHL VERLAG Lernen mit Erfolg
Verkleiden & Rollenspiele

5 Die Verkleidungskiste

Hexenhut basteln

Ihr braucht:

- *schwarzen Filz, etwa 50 cm x 90 cm*
- *Sprühstärke und Bügeleisen*
- *schwarzes Nähgarn, Nadel, Schere*
- *evtl. Wolle und Klebstoff für die Haare*

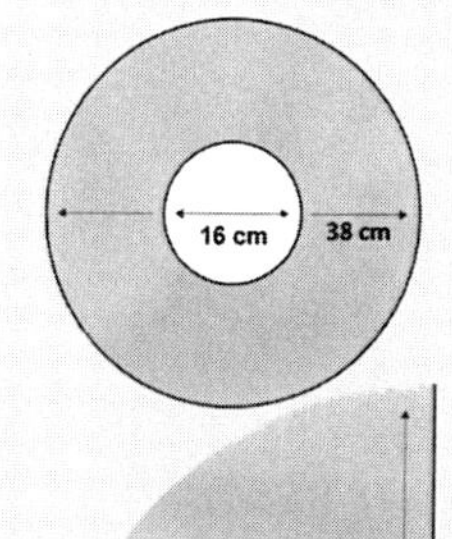

So geht's:

- Übertragt die beiden Teile des Hexenhutes mit dem weißen Stift auf den schwarzen Filz.
- Die Größe kann noch variiert werden.
- Die Teile mit Stärke einsprühen und trocknen lassen.
- Die Außenkanten des Kegels zusammennähen.
- Anschließend die Hutkrempe mit Stecknadeln an dem Hutkegel befestigen und annähen.
- Damit die Hutspitze besser steht, kann man sie mit ein wenig Watte ausstopfen.
- In die Innenseite des Hexenhutes kann man lange Wollhaare als Hexenhaare einkleben – die Wollfäden auf die gewünschte Länge schneiden und festkleben.

Hexenbesen basteln

Ihr braucht:

- *Reisig, besonders gut ist Birkenreisig geeignet, es ist ziemlich stabil*
- *einen längeren und dickeren Stock oder Ast als Besenstiel*
- *Gartenschere, Draht, Schnur*

So geht's:

- Schneidet das Reisig ungefähr auf die gleiche Länge.
- Bündelt es um ein Ende des Stocks.
- Bindet es mit der Schnur ganz stramm fest.
- Legt nun den Draht um das Stielende und wickelt ihn 2-3 Mal herum.
- Fixiert den Draht, indem ihr die Enden zusammendreht.
- Wiederholt die Umwicklung mit dem Draht noch ein oder zwei Mal.
- Entfernt überstehende Drahtenden, damit sich später niemand daran verletzt.

Kopfschmuck Indianer:

Mit bunten Federn aus dem Bastelladen und einem Stretchhaarband entsteht ganz schnell ein schöner Kopfschmuck für kleine Indianer.

Verkleiden & Rollenspiele
In fremde Rollen schlüpfen .. – Bestell-Nr. 11 864

5 Die Verkleidungskiste

Krone für König (Prinz) und Prinzessin basteln

Ihr braucht:

- *Goldkarton oder Bastelfilz in Goldgelb*
- *evtl. Glitzersteine und Alleskleber*
- *Gummiband*

So geht's:

- Übertragt die Schablone zweimal (Prinzessin) bzw. dreimal (König) nebeneinander auf die goldene Pappe oder den Filz, am besten mit Kugelschreiber.
- Schneidet sie aus.
- Verziert sie mit Glitzersteinen.
- Klebt sie zusammen.
- Bohrt an zwei gegenüberliegenden Punkten ein Loch.
- Messt das Gummiband an eurem Kopf ab und verknotet es.

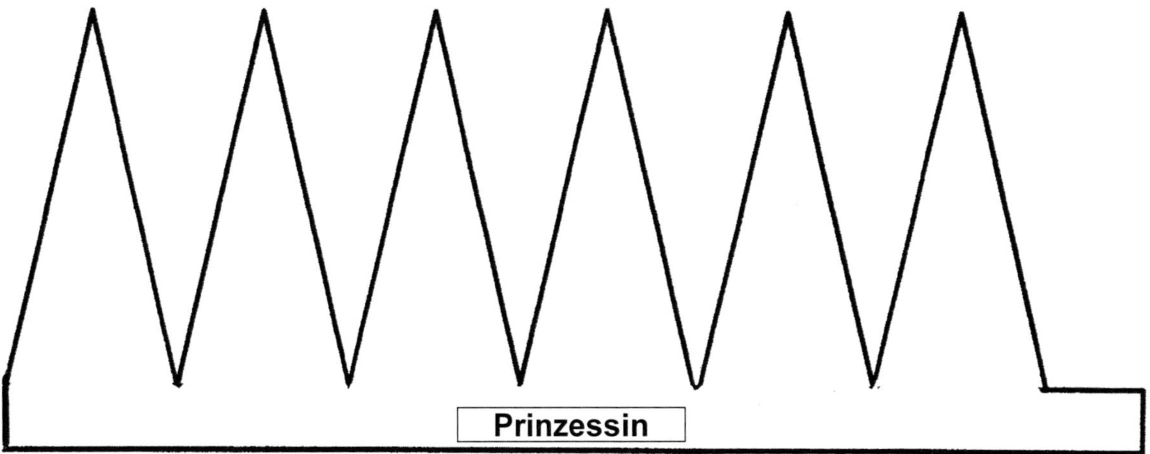

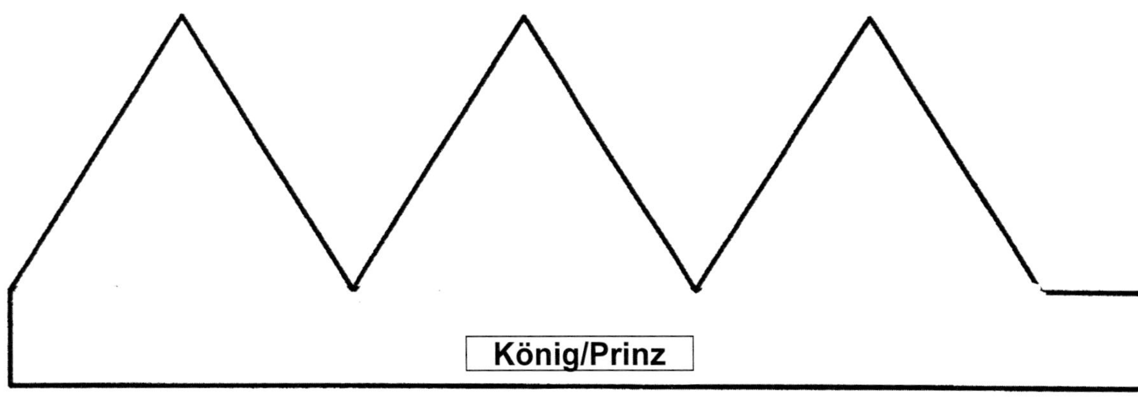

Verkleiden & Rollenspiele
In fremde Rollen schlüpfen ▪ Bestell-Nr. 11 864
KOHL VERLAG Lernen mit Erfolg

5 Die Verkleidungskiste

Zwergenmütze

Aus rotem oder grünem Filz lassen sich schnell und einfach hübsche Zwergenmützen fabrizieren.

***Ihr braucht*:**

- *Filz, ca. 40 x 60 cm*
- *Die Schablone, doppelt so groß kopiert*
- *Nadel und Faden oder Bastelkleber*
- *Watte zum Ausstopfen der Spitze*
- *ein Stück Gummiband*

***So geht's*:**

- Die vergrößerte Schablone zweimal auf den Filz übertragen.
- Ausschneiden.
- An den gestrichelten Linien zusammennähen bzw. kleben (nähen hält besser).
- Die Mütze wenden.
- An den beiden Punkten das Gummi durchziehen.
- Die Spitze nach Wunsch ein wenig mit Watte ausstopfen.

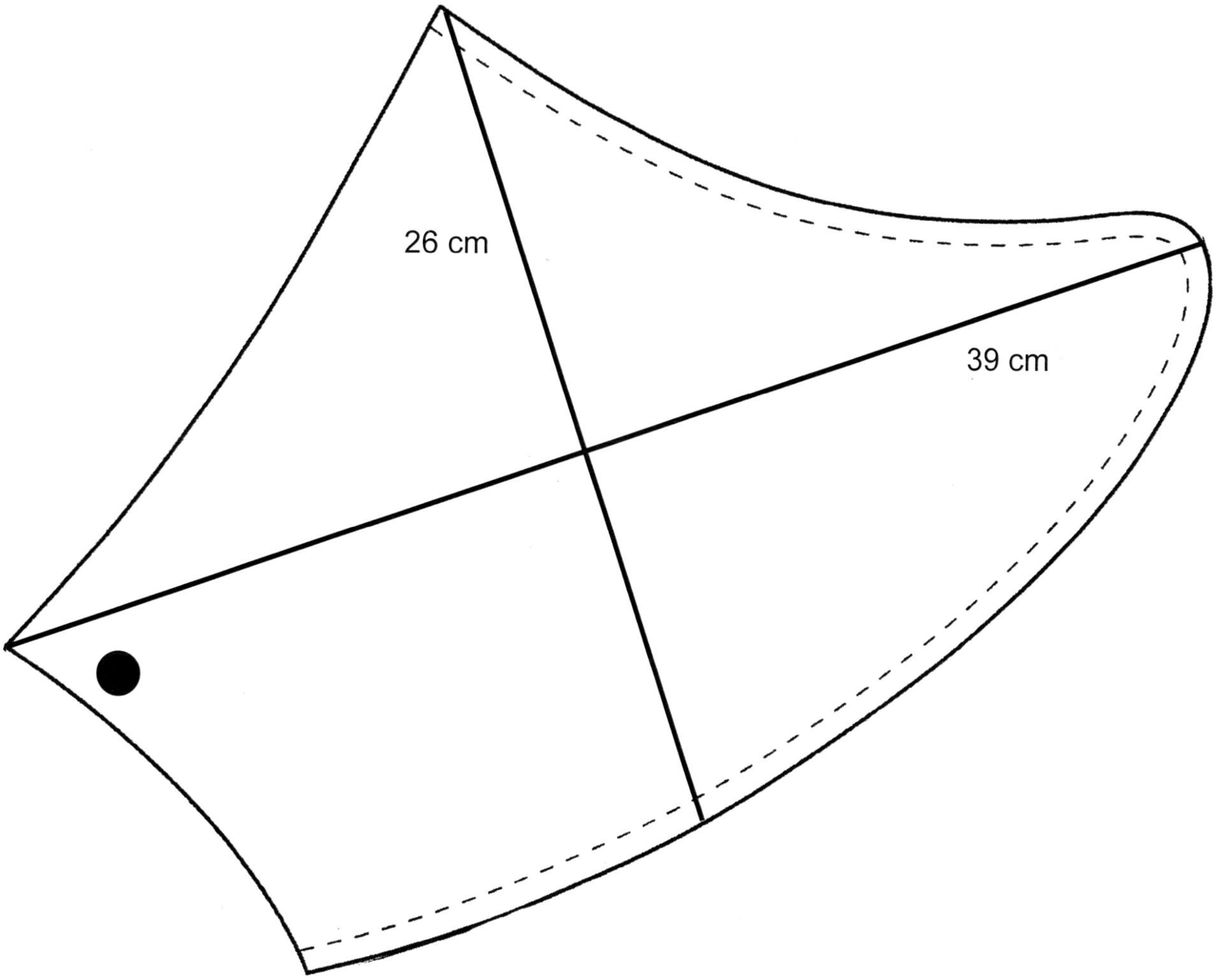

26 cm

39 cm

Verkleiden & Rollenspiele – In fremde Rollen schlüpfen .. – Bestell-Nr. 11 864

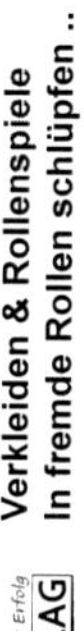

6 Schminken

Anregungen für „Kunstwerke“

Schminken ist Mädchenkram? Kann man so nicht sagen. Auch Indianer und Piraten mögen Schminke, und der Schnurrbart ist bei kleinen Jungen auch noch nicht gewachsen.

Doch zugegeben, kleine Mädchen interessieren sich mehr fürs Schminken. Gerne beschäftigen sie sich mit einem Puppenkopf dazu und einem Schminkkoffer, wenn gerade kein anderes williges Objekt zur Verfügung steht. Meist kennen sich kleine Damen schon ganz gut aus. So ist es kein Problem, wenn sich die Prinzessin oder die Mama im Rollenspiel schminken möchte.

Ein beliebter Event ist heute das Kinderschminken. Gesichter werden kunstvoll bemalt. Schmetterlinge, Katzen, Tiger und Blumen entstehen, teilweise richtige Kunstwerke, wie man sehen kann. Doch aller Anfang ist schwer, wie man ganz rechts sehen kann!

Ihr braucht für die „Grundausstattung“:

- *einen schwarzen und einen weißen Schminkstift*
- *Schminkfarben für die Flächen mit Schwämmchen*
- *Lippenstift*
- *Wattestäbchen, zur Aufhellung von zu dunkel geratenen Linien oder zur Ausbesserung misslungener Stellen*
- *Umhang oder Handtuch zum Schutz der Kleidung*
- *Seife und Wasser oder Watte und Make-up-Entferner für sensible Haut, um alles zu entfernen*

Für die Rollenspiele brauchen wir Hexen, Piraten, Indianer … Hier gibt es einige Vorschläge. Doch man sollte darauf achten, dass die Gesichter nicht allzu grausam aussehen und kein Kind Ängste entwickeln muss.

KOHL VERLAG Lernen mit Erfolg – Verkleiden & Rollenspiele – In fremde Rollen schlüpfen ■ Bestell-Nr. 11 864

6 Schminken

Zoo und Zirkus

Mit diesem Rollenspiel werden Fantasie, Improvisationsvermögen und Kreativität der Kinder gefördert: sie denken sich ein Tier aus und stellen es mit Kostüm und Schminke dar. Doch natürlich gehören zum Zirkus auch einige Clowns und bestimmt auch ein Zauberer. Der Zirkusdirektor sorgt für Ordnung, die Pferde oder Ponys traben munter im Kreis, Artisten balancieren auf einem (imaginären?) Balken, Tänze werden aufgeführt und Turner schlagen Purzelbäume.

Ihr braucht:

- *Schmink-Utensilien*
- *verschiedene Kleidungsstücke*
- *Tücher, Decken*
- *wenn vorhanden, Steckenpferde*

Karneval und die Kostüme

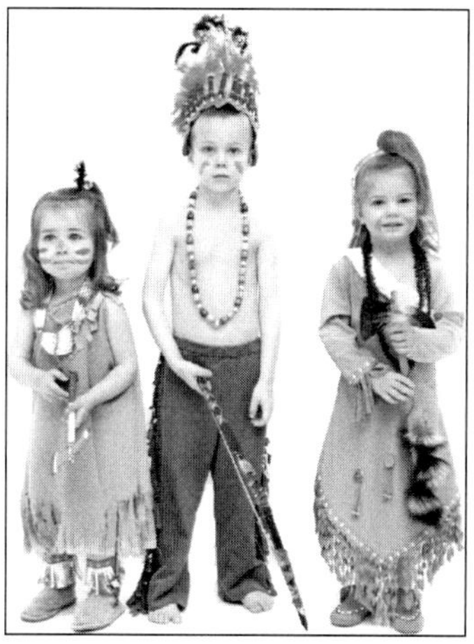

Es gibt wohl kaum ein Kind, das sich nicht gern verkleidet und zu einer Karnevals(Faschings)-Party geht. Dabei sind einige Kostüme besonders beliebt. Und das hat sich seit Jahrzehnten nicht geändert! Diese Vorlieben unterscheiden sich noch einmal zwischen Mädchen und Jungen. Auf Platz eins der beliebtesten Karnevalskostüme für Mädchen liegt nach wie vor die Prinzessin. Und das bitte mit bauschigem Kleid in rosa und kleiner Krone. Die Prinzessin wird dicht gefolgt von Hexe und der Fee.

Kleine Jungen bekämpfen sich bei Faschingspartys am liebsten mit der Waffe im Cowboy-Kostüm. Auch Indianerkostüme sind bei Jungen nach wie vor sehr beliebt. Viele Jungen möchten aber vor allem Piraten sein, mit allem Drum und Dran versteht sich. Gefolgt werden diese Lieblingskostüme von Polizisten und Rittern.

Prinzessin

Fee

Hexe

Cowboy

Pirat

6 Schminken

Halloween im Kindergarten?

Halloween wird am Vorabend zu Allerheiligen, in der Nacht vom 31. Oktober auf den 1. November gefeiert. Das Halloweenfest hat seinen Ursprung in Irland und wurde durch Auswanderer nach Amerika gebracht, wo es sehr beliebt ist.

Heute werden auch bei uns Halloweenpartys gefeiert. Ob man diesen Brauch im Kindergarten umsetzen möchte oder nicht, kann jeder selbst entscheiden. Viele Kinder haben aber Spaß am Verkleiden. Es muss auch nicht zu gruselig sein. Gespenster, Zauberer und Hexen müssen nicht schrecklich aussehen. Vampire mit Blut im Gesicht und Skelette kann man aussparen.

- Wenn die Kinder verkleidet um einen geschnitzten Kürbis tanzen, macht das sicher allen Freude.
- Basteln kann man mit den Kindern z.B. kleine Tischlaternen, Spinnen aus Pfeifenreinigern. Oder kleine Kürbisse mit einem Esslöffel aushöhlen lassen. Dann Kinder mit einem Holzstäbchen Gesichter auf den Kürbis zeichnen lassen und von einem Erwachsenen ausschneiden lassen.
- Als Paarspiel Kürbisgesichter schminken – welches sieht am schönsten aus?

Topmodel-Show

Topmodel-Shows und Gesangswettbewerbe im Fernsehen werden häufig auch schon von den Jüngsten gerne geguckt und nachgespielt. Das lässt sich auch im Kindergarten leicht umsetzen. Wobei die Teilnahme freiwillig ist, nicht alle Kinder möchten sich präsentieren… Besonders geeignet ist dieses Spiel auch in der Karnevalszeit, wo die Kinder ihre Kostüme vorführen können.

Vorbereitung:

1. Stellen Sie eine Art Bühne oder einen Laufsteg auf – z. B. eine lange Bank aus dem Turnraum.
2. Stellen Sie 3-5 Stühle für eine kleine Jury bereit.
3. Suchen Sie mit den Kindern eine Jury aus. Manchmal ist es sinnvoll, wenn auch ein Erwachsener mit in der Jury sitzt und an dem Rollenspiel teilnimmt.
4. Wie bei einer Fernsehshow können alle Kinder, die Lust haben, an dem Wettbewerb teilnehmen, indem sie ihre Faschingskostüme vorstellen oder vielleicht sogar einen kleinen Trick vorführen, ein kurzes Lied singen, tanzen oder einen Spruch aufsagen. Die Jury vergibt nach jedem Auftritt ein Ja oder Nein.
5. Zum Schluss wird anhand der meisten Ja-Stimmen der Sieger gekürt.

Natürlich können Sie das Rollenspiel verändern und zum Beispiel alle Kinder durch Klatschen oder Jubeln den Sieger auswählen lassen oder die Jury mit mehr Personen besetzen.

KOHL VERLAG Verkleiden & Rollenspiele

Alter 2-6 KiTa • Vorschule • Schuleinstieg

…rbara & Eckhard Berger NEU

…unterbunte …arbtopfgeschichten

…it Geschichten und kleinen Aufgaben …s Grundwissen Farbe bilden & erweitern

…t einem besonders lern- und erlebnisstarken …uerwerk an spannenden kunterbunten Farb…ofgeschichten und Praxisaufgaben werden alle …r- und Grundschulkinder zielgerichtet in das …chtige Thema Farbe eingeführt. Mit dabei sind …r beliebte lustige Farbtopf und seine Freunde, …e drei Farbtröpfchen, die zum Lesen, Erzählen, …alen, Zeichnen, Experimentieren, Basteln, Spie…n und mehr einladen. Die Arbeitsblätter sind …otivierend und regen die Kinder dazu an, sich …ensiv mit der Grundkompetenz Farbenlehre …seinanderzusetzen.

…Seiten, FARBIG

			PDF-Schullizenz
…uch	12 431	23,80 €	76,- €
…DF	P12 431	18,99 €	

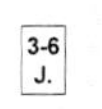
3-6 J.

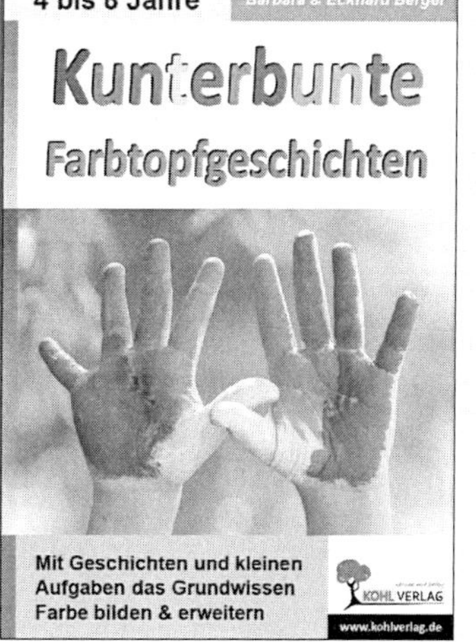

Eckhard Berger NEU

Kunststarter

Impulsaufgaben für den Einstieg in den modernen Kunstunterricht

Kunststarter bietet die große moderne Sammlung an kreativen und kindgerechten Impulsaufgaben nach einem innovativen effizienten Konzept mit dem höchsten pädagogischen Nutzwert, um in dem Bereich Malen und Zeichnen in der Vorschule und im Kunstunterricht in der Grundschule richtig und erfolgreich zu starten. Alle Aufgaben sind Impulsgeber und lassen ein Höchstmaß ein individueller Kreativität und damit an Ergebnismöglichkeiten bei viel Begeisterung und Spaß zu.

4-6 J.

64 Seiten, FARBIG

			PDF-Schullizenz
Buch	12 430	24,80 €	80,- €
PDF	P12 430	19,99 €	

…briele Klink

…reative Falttechniken als Raumschmuck

…allerhand Materialien aus dem Schulhaus und der Natur kann man ganz …e Dinge basteln. Hier sind viele verschiedene Falttechniken aufgezählt, …lche die Kreativität fördern und die Motorik, das Vorstellungsvermögen …vie die geometrischen Kenntnisse festigen. Mit all diesen Falttechniken …sen sich alle Klassenräume im Schulhaus in ein Kunstatelier verwandeln!

…Seiten …RBIG

			PDF-Schullizenz
Buch	11 290	26,80 €	86,- €
PDF	P11 290	21,49 €	

3-6 J.

…briele Klink

…szination Papier

…pier wird zum kreativen Medium, das Kinder experimentell entdecken …nnen. Er umfasst die Bereiche schneiden, falten, reißen, gestalten und …les mehr mit grenzenloser Fantasie. Dreidimensionales Gestalten, Colla…n, Plastiken, Raumdekorationen, Feste, Theateraktionen und Ideenkisten …den weitere Schwerpunkte des umfangreichen Kopiervorlagenmaterials.

…Seiten …RBIG

			PDF-Schullizenz
Buch	11 646	14,80 €	74,- €
PDF	P11 646	18,49 €	

4-6 J.

Marlies Zibell

Textil & Kunst kreativ

Hippe Ideen in Textil & Kunst

Malen, ausschneiden, gestalten, ergänzen, und das alles mit dem Werkstoff Textil ... Ihre Kinder werden begeistert vorgelegten Ideen umsetzen! Gerade weil der Reiz von Stoff, Leinen & Co auch ein haptisches Erlebnis darstellt. Die Anregungen und Vorlagen sind aus allen Bereichen der kindlichen Erlebniswelt und bieten der kindlichen Fantasie genügend Freiraum. ***Ein wichtiger Beitrag zur Unterstützung der Persönlichkeitsentwicklung!***

3-6 J.

40 Seiten, FARBIG

			PDF-Schullizenz
Buch	11 807	17,80 €	58,- €
PDF	P11 807	14,49 €	

…khard Berger

…ichnen können Schritt-für-Schritt-Anleitungen

…der werden schnell zu erstaunlichen Künstlern – Erfolg ist garantiert und …nst wird zur Lieblingsbeschäftigung! Hier lernen alle Kinder gemäß ihrer …twicklungsstufe nach einer klaren 2- bis 4-stufigen Schritt-für-Schritt-An…ung aus wenigen Grundelementen Fantastisches aus ihrer Lebenswelt zu …chnen, weiter zu gestalten und in neue Zusammenhänge zu integrieren.

…Seiten …BIG

			PDF-Schullizenz
Buch	11 372	11,80 €	38,- €
PDF	P11 372	9,49 €	

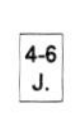
4-6 J.

Gabriela Rosenwald

Der Jahreszeitentisch Natur im Wechsel der Jahreszeiten

Gemeinsames Gestalten, Basteln und Arrangieren machen der ganzen Gruppe Freude. Im Laufe des Jahres erleben die Kinder die Natur auf kleinstem Raum und lernen wichtige Zusammenhänge kennen. Ein Stück Natur zum Anfassen kommt ins Zimmer z.B. mit König Winter, Mutter Erde und den Blumenkindern.

48 Seiten

			PDF-Schullizenz
Buch	11 505	15,80 €	50,- €
PDF	P11 505	12,49 €	

4-6 J.

Feste • Kultur • Religion

…a Müller

…pbook zur Schöpfungsgeschichte

…ntrale Lehrplanthemen werden hier individuell …d kreativ erarbeitet. Die Kinder basteln, malen, …ben .... und haben am Ende ein spannendes und …ersichtliches „Klappbuch", auf das sie stolz sind …und das Gelernte wurde spielerisch erfasst.

Feinmotorik und Kreativität fördern!

36 Seiten

			PDF-Schullizenz
Buch	12 384	14,80 €	48,- €
PDF	P12 384	11,99 €	

Mawada Al-Nashawatie & Gabriela Rosenwald

Wir feiern gemeinsam

Christliche und muslimische Feste kennenlernen

In der KiTa treffen sich viele Kulturen und Religionen. Der interkulturelle Kontakt ist heutzutage Alltag. Um Offenheit und Integration zu fördern sind Verständnis und toleranter Umgang der unterschiedlichen Kulturen unerlässlich.

44 Seiten

			PDF-Schullizenz
Buch	12 052	14,80 €	48,- €
PDF	P12 052	11,99 €	

4-6 J.

Ulrike Stolz & Waldemar Mandzel

Das Kirchenjahr ... mit Bildern erzählt

Spannende Texte • Lauschen • Malen • Basteln

Vom ersten Advent bis zum Totensonntag wird das Kirchenjahr mit eindrucksvollen Zeichnungen erlernt. Zusätzliche Arbeitsblätter mit Infotexten und Bastelanleitungen machen das Material vielfältig einsetzbar.

48 Seiten

			PDF-Schullizenz
Buch	11 716	10,80 €	48,- €
PDF	P11 716	11,99 €	

FÖ 3-6 J.

…ldemar Mandzel & Ulrike Stolz

…e Oster- & Weihnachtsgeschichte

…Oster- bzw. Weihnachtsgeschichte wird in …lern Schritt für Schritt erzählt ... Mit Ideen zum …steln, Lesen, Malen ...

FÖ INK

…stern	Buch	11 463	16,80 €	je 64 Seiten
	PDF	P11 512	13,49 €	Schullizenz (je Band)
…eihn.	Buch	11 452	16,80 €	
	PDF	P11 452	13,49 €	54,- €

5-6 J.

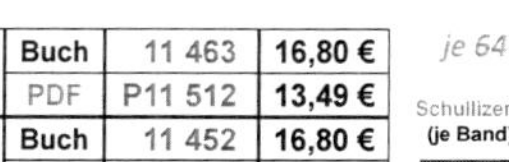

Autorenteam Kohl-Verlag NEU

Lapbook Die zehn Gebote

Gottes zehn Gebote werden in diesem neuen Lapbook kreativ „erbastelt". Die Kinder sind kreativ beschäftigt - und nebenbei verinnerlichen sie grundlegendes Wissen zu den wichtigsten ethischen Grundregeln unserer christlichen Wertegemeinschaft. Am Ende haben sie ein spannendes und übersichtliches Klappbuch, auf das sie stolz sind ... und das Gelernte wurde spielerisch erfasst und gefestigt. Lapbooks sind „in", durch das aktive Tun prägt sich der Lernstoff nachhaltiger ein.

40 Seiten

			PDF-Schullizenz
Buch	12 429	15,80 €	50,- €
PDF	P12 429	12,49 €	

FÖ 4-6 J.

Fachliteratur & Organisation

Wolfgang Wertenbroch

Pädagogik im Kindergarten

zeitgemäß & effizient

NEU

Wenn Kinder eingeschult sind, beginnt ihre systematische Förderung. Systematisch fördern ist allerdings auch schon vorher möglich und manchmal dringend erforderlich, weil der Kindergarten die Voraussetzungen für erfolgreiches Lernen in der Schule schaffen sollte. Wie diese Förderung erfolgen kann, wird in diesem Band dargestellt.

Aus dem Inhalt: *Imitationslernen, Dysgrammatismus, Sprach- und Sprachauffälligkeiten, Stimmhygiene, Prophylaxe von Verhaltensauffälligkeiten uvm.*

FÖ INK 4-6 J.

40 Seiten

			PDF-Schullizenz
Buch	12 426	15,80 €	
PDF	P12 426	12,49 €	50,- €

Dr. Konstanze Jablonowski & Claudia Köse

Co-Pädagoge Hund Lernbegleiter auf vier Pfoten

*Ein theoretisch und praktisch fundiertes Handbuch für die Arbeit mit pädagogischen Begleithunden. Es führt Sie in die Welt der Kynopädagogik und ihre vielfältigen Möglichkeiten ein und hilft Ihnen bei der Vorbereitung, Planung und Durchführung eigener kynopädagogischer Projekte. **Die Praxiskartei** bietet in aufeinander aufbauenden Modulen Material für die Umsetzung zahlreicher Interaktionen, ergänzt durch Rollenspiele.*

FÖ INK

80 Seiten

			PDF-Schullizenz
Buch	11 348	24,80 €	
PDF	P11 348	19,99 €	80,- €

Beate Tomulla

Unfallprävention Hund

Der Band zeigt anschaulich, wie Hunde Menschen wahrnehmen und warum es bei Begegnungen zu Missverständnissen kommen kann. Zeitgemäße, motivierende, einfache und leicht durchzuführende Aufgaben führen zu Lösungsmöglichkeiten im Umgang mit dem Hund. Mit zahlreichen Materialien die das erlernte Wissen festigen.

48 Seiten

			PDF-Schullizenz
Buch	12 120	14,80 €	
PDF	P12 120	11,99 €	48,- €

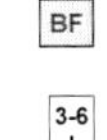
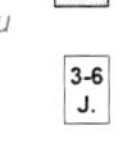

U. Krause & P. Völker-Meier

Hochbegabte Kinder

... erkennen und fördern

Hochbegabte Kinder können oft ihre Potenziale nicht entfalten, weil sie nicht (rechtzeitig) erkannt und daher auch nicht passend gefördert werden. Dieses Unterrichtsmaterial dient der Verbesserung der Situation dieser „vergessenen Inklusionskinder". Woran kann man hochbegabte Kinder erkennen? Wann kann man sicher sein, dass ein Kind hochbegabt ist? Darf man einem fünfjährigen Kind sagen, dass es hochbegabt ist?

Die Auseinandersetzung mit diesen Fragestellungen und Untersuchung von Fallbeispielen führt zu vielfältigen Anregungen.

BF 3-6 J.

40 Seiten

			PDF-Schullizenz
Buch	12 108	15,80 €	
PDF	P12 108	12,49 €	50,- €

Rudi Lütgeharm

Kleine Schritte, große Sprünge!

Schulfähigkeit (weiter)entwickeln

Neue Ideen, wie die Wahrnehmungsbereiche und die sehr individuelle Lernausgangslage durch Bewegung geschult und verbessert wird. Zahlreiche Übungen verbessern grob- und feinmotorische Abläufe.

FÖ INK BF

48 Seiten

			PDF-Schullizenz
Buch	11 333	14,80 €	
PDF	P11 333	11,99 €	48,- €

Gabriela Rosenwald

Verkleiden & Rollenspiele

Jedes Kind liebt es, in andere Rollen zu schlüpfen. Dieses Buch gibt Ihnen praktische Tipps und Anregungen zur Umsetzung und spannende Beispiele rund ums Verkleiden nicht nur an Fasching und Geburtstag. Von Mamas Handtasche bis zu Papas Krawatte finden sich viele spannende Sachen in der Verkleidekiste.

52 Seiten

			PDF-Schullizenz
Buch	11 864	16,80 €	
PDF	P11 864	13,49 €	54,- €

Kunst • Kreatives • Basteln

Marlies Zibell

Jahreszeiten-Fensterschmuck

Bastelideen für das ganze Jahr

Jahreszeiten und Feste sind wichtige Orientierungspunkte für Kinder im Zeitablauf. Mit einfachen Techniken wie Malen, Schneiden, Kleben, Knoten, Fädeln und mehr gestalten Sie Fenster für Ein-und Ausblicke. Neben den vier Jahreszeiten werden auch Fasnacht, Ostern, Erntedank und Halloween thematisiert.

Farbenfrohe Gestaltung aller Jahreszeiten – so werden Ihre Fenster zum Hingucker!

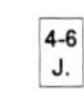

4-6 J.

72 Seiten FARBIG

			PDF-Schullizenz
Buch	12 051	24,80 €	
PDF	P12 051	19,99 €	80,- €

Sonja Seifert

Klassenraumschmuck ... für das ganze Jahr

Viele tolle Ideen zur kreativen Klassenraumgestaltung für jedes Alter und jeden Geschmack. Ein Klassenzimmer ohne große Kosten und mit wenig Aufwand zu schmücken – ja, das geht! Diese Kopiervorlagen unterstützen Sie dabei und geben zahlreiche Ideen zur Umsetzung. Für jedes Alter und für jeden Geschmack findet sich hier kreativer Klassenraumschmuck!

112 Seiten FARBIG

			PDF-Schullizenz
Buch	11 199	30,80 €	
PDF	P11 199	24,99 €	100,- €

Sonja Seifert

Kreatives Gestalten in der Betreuung

Für jeden Anlass und für jede Jahreszeit vielfältige Anregungen. Viele Ideen können mit alltäglichen Gebrauchsgegenständen verwirklicht werden. Der Spaß und das Individuelle stehen dabei im Vordergrund!

92 Seiten FARBIG

			PDF-Schullizenz
Buch	11 027	24,80 €	
PDF	P11 027	19,99 €	80,- €

Gabriela Rosenwald

Märchenhafte Bastelkiste

Märchen sind immer hoch im Kurs. Selbst wenn das Aschenputtel Cinderella heißt – Schloss, Zwergenhaus, Hexe, Prinz, Elfe und das Land der Schneekönigin verlieren nie ihren Reiz. Märchenszenen und -figuren kreativ von Kindern gestaltet, lassen Geschichten lebendig werden.

52 Seiten

			PDF-Schullizenz
Buch	11 944	15,80 €	
PDF	P11 944	12,49 €	50,- €

Gabriele Klink

KiGa- & Schulhausschmuck ... für das ganze Jahr

Kindergärten, Kindertagesstätten und Schulhäuser sind meist jahreszeitenabhängig geschmückt. In diesem Band befindet sich eine große Anzahl an Bastelideen mit genauer Erklärung und Durchführungsanleitung. Für jede Jahreszeit sind viele passende Ideen dabei. Allerhand Materialien aus der Natur sowie aus dem Materialfundus der Schule finden hier Verwendung.

3-6 J.

96 Seiten FARBIG

			PDF-Schullizenz
Buch	11 286	28,80 €	
PDF	P11 286	23,49 €	94,- €

Gabriela Rosenwald

Basteln & kreatives Gestalten mit Naturmaterialien

Ob Blätter, Zapfen, Nussschalen oder Steine – die Natur bietet unzählige Materialien, die sich bestens zum Basteln eignen. Ganz nebenbei entstehen wunderschöne Kunstwerke, wodurch die Kinder die Natur ganz neu begreifen und wertschätzen.

64 Seiten

			PDF-Schullizenz
Buch	11 873	17,80 €	
PDF	P11 873	14,49 €	58,- €